JN299928

ソーシャル・ビジネスの
ティッピング・ポイント

神原 理　編著

専修大学商学研究所叢書10　　　　　　東京　白桃書房　神田

序　文

商学研究所叢書刊行にあたって

　専修大学商学研究所は，2001（平成13）年に創立35周年記念事業の一環として，研究所員および学外の研究者，実務家などとの産学協同的な研究を志向するプロジェクト・チーム研究をスタートさせ，その研究成果を広く世に問うために商学研究所叢書の公刊を開始した。それ以降，既に9巻が公刊されてきている。

　『ソーシャル・ビジネスのティッピング・ポイント』と題する本書は，商学研究所叢書シリーズ第10巻にあたる。本書の主要な目的は，ソーシャル・ビジネスが安定的に地域社会で活動を継続していくとともに，より広範な社会・経済的課題の解決をとおして社会変革を促していくために，その事業がコミュニティ・レベルから地方や全国レベルへと進展していくティッピング・ポイント（あるアイデアや流行，社会的行動などが敷居を越えて一気に広がっていく劇的瞬間）を見つけ出し，実践的・理論的知見を導き出すことにある。

　本プロジェクト・チームによる研究は，2007年度から2009年度にかけて実施された。3年目の2009年8月29日には，商学研究所とKSコミュニティ・ビジネス・アカデミー共催の公開シンポジウム「ソーシャル・ビジネスの課題と展望－社会的事業のティッピング・ポイントを探る－」を学外の実務家・研究者をパネリストとして招いて開催した。

　本書が学内外の多くの関係者に知的刺激を与えるとともに，本研究所にも知的フィードバックをもたらすような触媒となることを祈念している。本研究所の活動は，海外の研究機関との共同研究，民間企業との産学連携型共同研究など，多様な広がりをみせている。プロジェクト・チームによる研究も継続的に行われており，今後も商学研究所叢書シリーズとして刊行される予定である。こうした諸活動が，一層活発化することを願っている。

　末尾になるが，本プロジェクト・チーム所属のメンバー各位，および同チームの活動にご協力いただいた学内外すべての方々に厚くお礼申し上げたい。

2011年1月
専修大学商学研究所所長　渡辺達朗

まえがき
－本書のねらいと構成－

　本書の目的は，ソーシャル・ビジネスが急速に進展していくティッピング・ポイントを見つけ出し，ソーシャル・ビジネスと社会変革（ソーシャル・イノベーション）に関する実践的・理論的知見を導き出していくことにある。ソーシャル・ビジネスとは，社会的弱者の支援や環境保全といった社会・経済的課題の解決をミッションとする事業活動をいう。ティッピング・ポイントとは，あるアイデアや流行，社会的行動などが敷居を越えて一気に広がっていく劇的瞬間（分岐点や閾値）を意味する。

　近年，子育て支援や社会的弱者の生活支援，地域の活性化や環境保全といった社会・経済的課題に対して，ビジネスの手法を用いて取り組む事業活動－ソーシャル・ビジネス－が各地で展開されている。なかでも，地域住民が主体となってNPO（非営利組織）などの事業体を設立し，ビジネスとして地域の課題に取り組むソーシャル・ビジネス（コミュニティ・ビジネス）は，地域社会の自立的機能を高めていくための有効な手法とされている。しかし，運営主体のアマチュアリズムや経営基盤の脆弱性，市場の地理的制約（小規模な市場）などから，多くの事業体は零細で不安定な経営状態にある。結果，多くの事業体が収益性や継続性に問題を抱え，社会・経済的課題の解決自体が効果的・効率的に進んでいなかったり，市区町村レベルにも満たないほどの極めて小規模な地理的エリアのみで活動範囲が収束したりすることで，社会・経済的課題の解決が思うように進んでいない状況が散見される。

　ソーシャル・ビジネスが地域社会でより安定的に事業を展開し，効果的・効率的な課題解決を図るために，また，市区町村というコミュニティ・レベルの事業活動から，県や地方，全国レベルといった，より広範にわたる地域レベルで社会・経済的課題の解決を実現するためにも，ソーシャル・ビジネスの発展課題（諸条件や阻害要因）に関する実践的・理論的研究は不可欠である。そこで本書では，ソーシャル・ビジネスやティッピング・ポイントに関する既存の研究サーベイと実態調査にもとづき，ソーシャル・ビジネスが安定的に事業を展開し，より大きな社会変革を促していくためのティッピング・ポイントにつ

いて考察し，実践的・理論的知見の導出を図っていく。

　ソーシャル・ビジネスがもたらす社会変革のプロセスに関しては，1990年代末から欧米を中心に議論されてきた。代表的なものとしては，David Bornstein（2007），*How to Change the World : Social Entrepreneurs and the Power of New Ideas*, Oxford University Press（井上英之監修，有賀裕子訳『世界を変える人たち－社会企業家たちの勇気とアイデアの力』ダイヤモンド社，2007年），谷本寛治（2007）『ソーシャル・アントレプレナーシップ－想いが社会を変える』NTT出版，谷本寛治編著（2006）『ソーシャル・エンタープライズ－社会的企業の台頭』中央経済社などが挙げられる。ティッピング・ポイントの概念については，Malcom Gladwell（2002），*The Tipping Point: How Little Things Can Make a Big Difference*, Back Bay Books, reprint（高橋啓訳『ティッピング・ポイント－いかにして「小さな変化」が「大きな変化」を生み出すか』飛鳥新社，2000年）で論じられているが，ソーシャル・ビジネスの領域ではまだ十分な研究がなされていない。ソーシャル・ビジネスがもたらすイノベーション・プロセスの研究では，既存のイノベーション理論にもとづいて組織運営のあり方，イノベーションのパターンやプロセスなどが論じられてきた。しかし，コミュニティ・ビジネスからソーシャル・ビジネスへと成長し，社会変革を促すティッピング・ポイントの理論的裏づけを図る研究はまだまだ少ない。本研究によって，既存のソーシャル・ビジネスやソーシャル・イノベーション研究では十分に検討されてこなかったティッピング・ポイントが解明されることで，実践的な面ではソーシャル・ビジネスの進展に必要な諸条件や取り組むべき課題がより明らかになり，より効率的・効果的な社会・経済的課題の解決の一助となることができる。理論的な面では，ティッピング・ポイントの概念をとおして既存の理論の適用可能性と，実践的・理論的インプリケーションの導出を図っていくことで，ソーシャル・ビジネスの研究に一定の貢献ができると考えられる。本研究の意義や独創性はこうした点にある。

　本書の構成は次の通りである。第1章「ソーシャル・ビジネスのティッピング・ポイント－概念とケース分析－」では，ソーシャル・ビジネスとティッピング・ポイントに関する基礎的な概念を整理した上で，Malcom Gladwellが提示した「少数者の法則」，「粘りの要素」，「背景の力」というティッピング・ポ

イントの3要因にもとづいて，地域活性化をミッションとするスポーツ・イベントの事例分析を行っていく。そして，ティッピング・ポイントは，少数のコアスタッフによる地道な努力と，彼らの知識と社交性（ネットワーク），人脈をとおした影響力，大会の理念と主催者の思い，背景要因となる社会経済的基盤の整備，スピンオフ事業の発生と各事業間での相乗効果によって超えることができたことを示していく。

第2章「ティッピング・ポイントの数量分析－北アルプス山麓 Adventure Games のケース－」では，1章で取り上げた地域活性化をミッションとする参加型のスポーツ・イベントを取り上げ，ティッピング・ポイントの諸条件について数量的分析を行っていく。イベント参加者へのアンケートデータにもとづいて Logistic 曲線を利用した成長曲線分析を行うことで，ソーシャル・ビジネスや関連するイベントなどの成長過程－ティッピング・ポイントを含む諸要因－の予測と将来計画を可能にするようなアプローチについて論じていく。

第3章「コミュニティ・ビジネスと女性社会起業家－多様な担い手が参画するコミュニティづくりにむけて－」では，女性の社会起業家に焦点をあて，コミュニティ・ビジネスの特質性や困難性を考察するとともに，コミュニティ・ビジネスが地域で根付き，持続可能性のある地域社会が形成されていくための課題について論じていく。そして，社会貢献とビジネスとのハイブリッドな視点から地域の多様なステイクホルダーとの関係を形成し，アカウンタビリティや情報発信を行いながら意欲的に新規事業に取り組む女性社会起業家の特徴や地域における役割を明らかにしていく。

第4章「ソーシャル・ビジネスによる地域資源の循環形成－ソーシャル・プロダクトの価値連鎖－」では，ソーシャル・ビジネスが地域で発展的に事業拡大していくための要件について，地域資源を商品化した「ソーシャル・プロダクト」の「交換と循環プロセス」という視点から論じていく。再配分と互酬，市場の3つの経済セクター（交換関係）による協同関係をバランスよく保ちながら，地域の多様なステイクホルダー間で「商取引の連鎖」をつくり上げていくことが，ソーシャル・ビジネスの発展と地域の課題解決，すなわち社会的使命（ミッション）の達成につながることを示していく。

第5章「ソーシャル・プロモーションの戦略的フレームワーク－社会的理由にもとづく商品情報の交換－」では，ソーシャル・ビジネスの発展には欠かせ

ない社会的なプロモーション活動に焦点をあて，ソーシャル・ビジネスへの認知と支持を高めるための方策と課題について論じていく。食品業界における食育推進事業をケースとして取り上げ，「社会的理由（social cause）にもとづく商品情報の交換」という視点からソーシャル・プロモーションがティッピング・ポイントを超えてより多くの人々の理解と支持を得ていくための戦略的フレームワークについて論じていく。

第6章「ティッピング・ポイントとサステナビリティ（持続可能性）－イノベーションする社会的企業－」では，ソーシャル・ビジネスが持続的に発展・成長していくための諸要因や事業の方向性について，アメリカ，アイルランド，日本の事例をとおして論じていく。ここで取り上げる事例はどれも，Gladwellが指摘する「限られた資源を1点に集中させ，一気に投入し，些細なことから大きな結果を生み出す」という「1点集中タイプ」の事業特性を有している。そして，問題を抱えた当事者たちへの社会教育プログラムの提供を事業基盤とし，プログラムの公開と転用，プログラム修了者の登用（スタッフなどで当該組織と関わり続けること）といった人材の再生を促すことで問題解決に不可欠な事業のサステナビリティを実現していることを明らかにしいてく。

本研究は，専修大学商学研究所による研究助成（2002～2003年度）の成果である神原理編著（2005）『コミュニティ・ビジネス－新しい市民社会に向けた多角的分析－』白桃書房（2009年，第4刷）の延長線上にある。ここでの成果を踏まえて，より広範な社会的インパクトを視野に入れたソーシャル・ビジネスの調査・研究を進めていったのが，同研究助成（2007～2009年度）による本書の刊行である。出版にあたっては，専修大学商学研究所員の先生方によるご指導・ご鞭撻とともに，商学研究所事務スタッフの花房郁子さんと前任者の水野多佳子さん，白桃書房（大矢栄一郎社長）の多大な支援を得ていることを明記し，感謝の意を表したい。そして，本書がソーシャル・ビジネスに関する研究や実務の一助となれば幸いである。

2011年3月

編者　神原　理

目次

序文 …… i

まえがき …… iii

第1章 ソーシャル・ビジネスのティッピング・ポイント　−概念とケース分析−

1　はじめに …… 1
2　ソーシャル・ビジネスのティッピング・ポイント …… 2
3　ケース分析：アウトドア・スポーツ・イベントのティッピング・ポイント …… 6
4　まとめ …… 16

第2章 ティッピング・ポイントの数量分析　−北アルプス山麓 Adventure Games のケース−

1　イントロダクション …… 19
2　北アルプス山麓 Adventure Games の成長曲線分析 …… 20
3　単純な現象論的分析を超えて …… 28
4　まとめ …… 30

第3章 コミュニティ・ビジネスと女性社会起業家
－多様な担い手が参画するコミュニティづくりにむけて－

1　はじめに ……………………………………… 33
2　創業支援ブームと
　　コミュニティ・ビジネスへの注目 ……………… 34
3　「ソーシャルアントレプレナー」と女性 ……… 36
4　女性ビジネスの特性にみるコミュニティ優位性 … 40
5　ステイクホルダーへのアカウンタビリティと
　　良好な関係づくり ……………………………… 43
6　おわりに　多様な社会起業家の活躍する
　　コミュニティづくりにむけて ………………… 49

第4章 ソーシャル・ビジネスによる地域資源の循環形成
－ソーシャル・プロダクトの価値連鎖－

1　はじめに ……………………………………… 53
2　社会・経済的課題に関わる混合型経済セクター … 54
3　社会・経済的課題とソーシャル・プロダクト … 56
4　混合型経済セクターにおける資源の循環形成 … 61
5　まとめ ………………………………………… 67

第5章 ソーシャル・プロモーションの戦略的フレームワーク
－社会的理由にもとづく商品情報の交換－

1 はじめに……………………………………………… 71
2 ソーシャル・プロモーションにおける商品情報の役割……………………………………………… 72
3 食品業界における食育のソーシャル・プロモーション……………………………………………… 75
4 まとめ……………………………………………… 90

第6章 ティッピング・ポイントとサステナビリティ（持続可能性）
－イノベーションする社会的企業－

1 はじめに……………………………………………… 95
2 DCセントラルキッチン……………………………… 97
3 Blastbeat（ブラストビート）……………………… 106
4 KATARIBA（NPO法人カタリバ）……………… 112
5 持続可能性とティッピング・ポイント…………… 114
6 結びに……………………………………………… 117

第1章

ソーシャル・ビジネスの ティッピング・ポイント
－概念とケース分析－

1 はじめに

　この章では，ソーシャル・ビジネスの現状を踏まえながらティッピング・ポイント研究の意義を示し，本書における研究の基本的な方向性を提示していく。次に，具体的な事例をとおしてソーシャル・ビジネスにおけるティッピング・ポイントの要因を論じていく。

　1990年代の後半以降，子育て支援や社会的弱者の生活支援，地域の活性化や環境保全など，様々な社会・経済的課題の解決に向けた市民活動が活発になり，NPO法人（特定非営利活動法人）の数も増えていった。それに伴い，非営利のボランティア活動だけを行う慈善型NPOだけでなく，収益活動をとおして課題の解決を図ろうとする事業型NPOや企業も増えてきた。地域の障害者を積極的に雇用してカフェや洋菓子店などを運営し，その収益で彼らの自立支援を図る組織や，エコツアーなどの事業をとおして環境意識の浸透に努めるとともに，その収益で環境保全活動を手がける組織などがその典型例といえる。

　このように，社会・経済的課題の解決をミッションとし，ビジネスとして取り組む事業体（事業型NPOや企業）を社会的企業（Social Enterprise）といい，その事業活動をソーシャル・ビジネス（Social Business）という[1]。ソーシャル・ビジネスのなかでも，地域の課題に対して地域住民が主体となって地域レベル（市区町村レベル）で展開している社会的な事業活動をコミュニティ・ビジネスという。近年は「新しい公共」の担い手として，ソーシャル・ビジネス（コミュニティ・ビジネス）の役割が高まっており，その事業創造と育成は我が国の政策的課題としても位置づけられている。

こうした背景のもと，ソーシャル・ビジネスの中心的存在といえるNPO法人の数は2010年には4万を超えるまでに増加し，コンビニエンスストアの店舗数（同年で約4.2万店）と変わらないレベルにまで達している。大手資本のチェーンオペレーションにもとづくコンビニエンスストアの事業展開と，市民主体で運営されるNPO法人とを数値だけで単純に比較する意図はまったくないが，社会・経済的課題に取り組むNPO法人が増加の一途をたどる一方で，その経営体制や事業活動をとおした社会・経済的効果に関しては様々な課題がみられる。多くのNPO法人は，経営基盤の脆弱さや運営主体のアマチュアリズムなどから，零細規模で不安定な，いわゆる自転車操業的な事業状態のままにある。市区町村といった地域レベルで展開されるソーシャル・ビジネス（コミュニティ・ビジネス）は，地域社会の自立性を高めるための有効な手法とされている。しかし，先に挙げた経営上の問題が原因で社会・経済的課題の解決自体がままならなかったり，活動エリアの地理的制約などから広範な社会的インパクトをもたらすことができなかったりしているのが実情である。

　ソーシャル・ビジネス（コミュニティ・ビジネス）が安定的に地域社会で活動を継続していくために，また，より広範にわたる社会・経済的課題の解決をとおしてソーシャル・ビジネスがより大きな社会変革（ソーシャル・イノベーション）を促していくためにも，ソーシャル・ビジネスの事業課題や，コミュニティ・レベルから地方や全国レベルへと進展していくティッピング・ポイントを見つけ出し，実践的・理論的知見を導き出していくことが本書の目的である。ティッピング・ポイントとは，あるアイデアや流行，社会的行動などが敷居を越えて一気に広がっていく劇的瞬間（分岐点や閾値）をいう。ソーシャル・ビジネスのティッピング・ポイントを研究することで，ソーシャル・ビジネスの発展とともに社会・経済的課題のより効果的・効率的な解決と，それに伴う社会的コストの削減が可能となり，より望ましい社会の実現（社会変革）を期待することができる。

2 ソーシャル・ビジネスのティッピング・ポイント

　ティッピング・ポイントとは，疾病や流行といった感染的な現象が一部

の少数者から多数派へと急激に拡大する劇的瞬間を説明するためにMalcom Gladwellが提示した概念で，その特徴として以下の3点を挙げている。[4)]
① 感染的特徴…当局なり新たな社会勢力なりが，ごく限られた数の状況に一定の影響を及ぼした結果，ごく限られた人々がまったく異なる行動を示し始めたということ。「感染」とは，あらゆる種類の事象に備わっている予期せぬ特性のこと。
② 小さな変化が大きな結果をもたらしていること。現象を説明する理由は，問題の核心部ではなく，その周辺部で生じた付帯的な変化だったこと。
③ 変化は劇的に生じるということ。①②の変化は，ある瞬間に上昇・下降したりすることがありうる。③の特徴こそが①②の特徴を意味あるものにしている。

感染的な変化の3要因としては「少数者の法則」，「粘りの要素」，「背景の力」がある。
① 少数者の法則…社会的伝染病もまた，一握りの例外的な人々の努力によって広まっていく。彼らは，社交性，知識，仲間内での影響力といった点で抜きん出ている。
② 粘りの要素…粘りとはメッセージに強い印象があるということ。頭にこびりついて離れなくなる。記憶に粘りつくのである。
③ 背景の力…環境の条件や特殊性に事態は大きく左右される。人間は，自分で思っている以上に環境に敏感である。

ティッピング・ポイントの背景になっているのがイノベーション普及論である。イノベーションとは「個人あるいはその他の採用単位によって新しいと知覚されたアイデア，習慣，あるいは対象物であり，個体や何らかの組織に対して新たな代替案，あるいは問題解決のための方法を提示するもの」であり，普及とは「イノベーションがコミュニケーション・チャネルをとおして社会システム成員間において，時間的経過のなかでコミュニケートされる過程」をいう。[5)] イノベーションとなる新技術や知識は，革新的であるが故に予測性や情報が欠如した不確定性を有している。イノベーションの普及は，ある不確定な革新的事象について人々が情報交換を行うことで採用者が変化していくプロセス－コミュニケーションの収斂モデル－である。

Jean-Gabriel de Tardeは，いくつかの発明は社会に広く普及し社会・文化的

変化をもたらすのに対し，別の発明は無視されていくという現象に着目し，慣習と流行をとおした人々の模倣行為（社会的類似と模倣）の法則性を明らかにした。[6] 彼は，発明の普及プロセスにおいてはオピニオン・リーダーの社会経済的ステイタス（コスモポリタンな性格をもつ人物が新商品を採用し，社会・経済的に影響を及ぼす傾向にあることなど）が重要な役割を果たし，発明の採用者数を累積していくとS字型の累積度数曲線（S字カーブ）を描きながら社会全体に普及していくことを指摘した。イノベーション普及論のベースとなる採用者の類型化を提示したのはBryce Ryan と Neal C. Grossである。[7] 彼らは，米国アイオワ州の農家が収穫高を上げるために新種のトウモロコシを採用するプロセスを調査し，イノベーションとしての新種の普及は既存の採用者である近隣の農家とマスコミの影響を受けながら広まっていくことを明らかにした。そして，新種の普及プロセスにおける採用者の累積度数は，1928年から1933年までは10％だったのが1936年までには40％と急増し，その後は緩やかな伸びを示したことから，時間の経過とともにS字カーブを描くことが証明された。彼らはまた，新種の採用者を早い順番から，①イノベーター（革新的採用者），②アーリー・アダプター（初期少数採用者），③アーリー・マジョリティ（初期多数採用者），④レイト・マジョリティ（後期多数採用者），⑤ラガード（採用遅滞者）に分類し，時間軸上に各類型別の採用者数を計上していくと正規の度数分布になることを示した。そして，イノベーションを採用する農家と採用しない農家が現れる要因を明らかにした。

　Everett M. Rogersは，イノベーションの採用者が16〜25％を越えた段階で急激に普及が拡大していく分岐点，すなわちGladwellのいうティッピング・ポイントを示し，イノベーターが新商品の真新しさに着目し，オピニオン・リーダーが新商品の新しいベネフィットを採用するとともにメインストリームである他の消費者へと広げていくことでイノベーションは普及していくという初期市場の役割を指摘した。他方，Thomas W. Valenteは，個人が属する社会システムの集合的行動ではなく，個人が他者とつながる直接的なコミュニケーションのネットワークという視点から普及プロセスを研究し，ソーシャル・ネットワークの閾値モデル（threshold model）を提示した。[8] ある人物がイノベーションを採用するためには，それ以前に彼が所属するネットワークの多数が採用していなければならないとして，採用時期のタイムラグ（個人差）を示すこと

で採用行動の普及概念を修正するとともに、イノベーションの普及パターンを予測し、オピニオン・リーダーとフォロワーによる普及の2段階仮説を補っていった。彼は、予防医療やヘルスケアといった社会的な領域にまで研究を広げ、イノベーションや伝染的行動（模倣行為）がネットワークを介して普及していくプロセスを明らかにした。イノベーションの普及プロセスにおけるタイムラグに関してはGeoffrey A. Mooreも独自の見解を述べており、初期市場とメインストリーム市場との間には容易には越えがたい「キャズム（深い溝）」があり、これを越えなければ新商品はメインストリームにまで広がることはなく、小規模な初期市場に留まったまま終息してしまうことを指摘した。イノベーターやオピニオン・リーダーらは、「誰も使っていないこと」や「他社にはない特性」に魅力を感じて新商品を採用するのに対して、アーリー・マジョリティは、「周りの他者も使用している安心感」や「他社に引けをとらないこと」を重視して

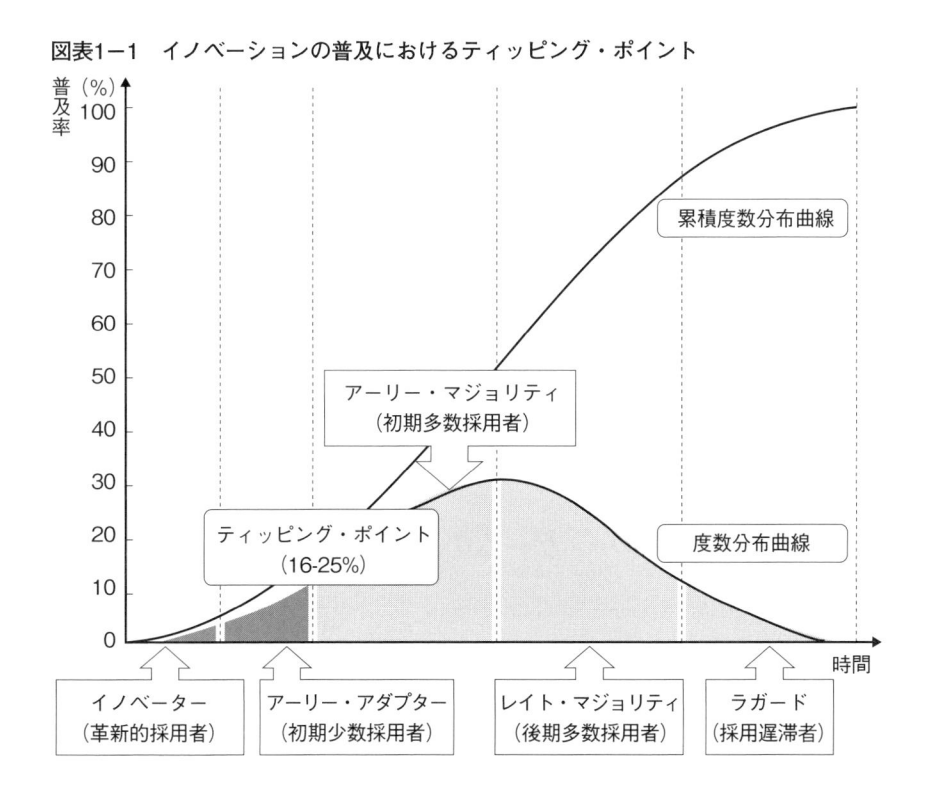

図表1－1　イノベーションの普及におけるティッピング・ポイント

新商品の採否を判断する。したがって、キャズムを超えるためにはアーリー・マジョリティの支持を獲得するための適切な方策が必要である。

　イノベーションの普及に関する議論は、新商品（技術革新）の普及や日常的な生活行動の伝染（模倣や伝搬）まで広範に及んでいる。そうした既存の研究成果を踏まえた上で、本稿以下ではソーシャル・ビジネスのティッピング・ポイントについて検討していく。ソーシャル・ビジネスは、営利性よりも社会的課題の解決を優先的に考える事業であり、その支持・採用者は経済性や利便性・快適性よりも、問題解決への効果や効率、それに関わる人々の自己実現や社会的紐帯といった社会的な意義を評価する傾向にある。こうしたソーシャル・ビジネスの特性に配慮しながら、先行研究が示す本質的な要素、すなわち、ある革新的な事業が人々の理解と支持を得て普及していくにはどのようなメカニズムが存在するのか論じていく。

3 ケース分析：アウトドア・スポーツ・イベントのティッピング・ポイント

　この節では、地域活性化をミッション（社会的使命）とした参加型のアウトドア・スポーツ・イベントである「北アルプス山麓 Adventure Games 2001」[10]をケースとして取り上げ、ティッピング・ポイントの主要因を明らかにしていく。分析データとしては、2001年大会から行っている参加者へのアンケート調査と、ボランティア・スタッフとして参加しながら筆者が行った参与観察とヒアリング調査にもとづいている。

3-1　アドベンチャー・ゲームの概要

　「北アルプス山麓 Adventure Games 2001（以下、北アド）」は、2001年から長野県大町市で開催されている地域活性化をミッションとしたスポーツ・イベントである。2000年8月のプレ大会から11年にわたって開催され（夏11回、冬6回）、7名のコアスタッフと20名ほどのボランティア・スタッフのみで企画・運営されてきた。同大会は、大町市の仁科三湖（青木湖、中綱湖、木崎湖）と

写真1－1　北アルプス山麓 Adventure Games 2001の様子

鹿島槍スキー場周辺の里山を活用した参加型スポーツ・イベントで，これまで延べ2500人を超える参加者を全国各地から集めてきた（夏季大会で平均180人，冬季で平均100人の参加者）。

「北アド」は，「アドベンチャーレース（adventure racing）[11]」から派生したスポーツ・イベントである。アドベンチャーレースとは，平均3～5名の男女混成のチームがマウンテンバイクやカヤック，トレッキングなどのアウトドアスポーツを駆使しながら，里地・里山や山間部，海岸線や河川といった自然環境をフィールドとしたオリエンテーリングを行い，定められたチェック・ポイントを通過しながらゴールを目指すレースをいう。各レース（主催者）によって，コースやチームの人数（女性や家族・子供といったメンバー構成），取り入れられる競技種目などは異なる。国内では1～3日間で50～150kmほどの距離を競うレースが一般的だが，海外では夜間行動も含む3日以上の超長距離レースもある。各チームは，与えられた地図や情報だけを頼りに自然のなかで協力しながらナビゲーションを行わなければならないため，チームの協調性や自然のなかでの人間のあり方を見つめ直す機会にもなっている。アドベンチャーレ

ースは，競技者向けの本格的な大会だけでなく，企業の社員研修や学校の体験学習といった一般市民向けの教育・研修プログラムとしても企画・運営されている。

　これに対して「北アド」は，既存のアドベンチャーレースに「ゲーム性」と「地域性」をもたせ，できるだけ一般市民でも参加できるとともに，地域活性化につながるような仕組みを設けることでソーシャル・ビジネスとしての役割を果たしている。大会の基本理念は，「持続的な地域交流と生活文化の世代継承に貢献するような最適規模の参加型スポーツ・イベントの実現と，それによるスポーツ文化の向上」にある。参加者だけでなく，観戦者，スタッフ，地域住民が様々な形で大会に関わり，一体となって運営できるような参加型イベントとして地域社会から長く支持されることに主眼をおいている。そのために，フィールド（会場）の保全，地域の歴史・文化・物産などの活用，地域交流の促進など，地域の活性化に貢献できるような大会運営をしている。

　「北アド」は，3人1組でカヤック，マウンテンバイク，オリエンテーリング，ライフジャケット・スイムを行いながら2日間にわたって「知力，体力，チームワーク」を競う「ゲーム」である。参加費は親子2名1組で8,000円，1チーム3名でひとり1万7,000円。参加者には事前に大町市の自然や歴史・文化などを調べてきてもらうよう周知し，コース途中のチェック・ポイントで大町市にちなんだクイズを出していく。これによって，運動能力や精神力を競う「競技性」だけでなく，知力（クイズの点数）とチームワークを生かしながらスポーツと地域の魅力を楽しむことができる「ゲーム性」の高い大会になっている。これが，トップアスリートだけでなく，女性同士や親子連れといった一般市民でも気軽に参加できるような仕組みとなっており，女性の参加率は毎回30～40％，リピーターは60％前後を維持するという結果につながっている。また，参加選手の家族や友人といった観戦者向けにコース途中の観戦ポイントをいくつも設けたり，食事処や観光地なども含めたポイント・マップを配布したりしている。多くのスポーツ・イベントでは，選手が競技している間，観戦者はわずかな観戦時間の後はゴールまで長く待たされるのが常である。そのため，家族や友人などを伴ってスポーツ・イベントに参加する選手は非常に少ない。こうした点にも配慮して，観戦者がイベントと開催地の双方を楽しめるような運営を心がけている。一般的なスポーツ・イベントでは競技者だけが来訪するこ

写真1－2　北アルプス山麓 Adventure Games 2001でのクイズとマップ

とが多いが，北アドでは家族や友人を同伴した選手の参加率は85～95％と極めて高い割合となっている。

　ボランティア・スタッフは，スキーやトライアスロンなどの選手として様々な競技会やスポーツ・イベントに参加してきた者たちである。彼らは長年の経験から，既存のスポーツ団体（協会や連盟，連合など）が主催する大会のあり方に疑問を感じていた。とりわけ，家族や子供など一般市民に広く開かれていない参加システムや，細かなルールによる制約，主催者側の高圧的な態度などが，多様なレベルの競技者や観戦者の参加を阻害する要因となっているのではないかという考えである。こうした既存の制度や制約にとらわれず，かつ金銭的な対価よりもボランタリー精神を尊重しながら家族や仲間と純粋にスポーツ・イベントと開催地の魅力を楽しむことが，スポーツ文化の向上や地域貢献につながると彼らは考えている。スタッフは，長年の経験からスポーツを楽しんだり，楽しませたりするコツを知っているため，彼ら自身が楽しく大会を運営することができる。毎年，大会のキャッチコピーや競技コースを変えるなどの趣向を凝らすとともに，参加者へのアンケート調査から運営方法を検討していくことで，長く支持され続ける大会であるよう努力している。こうしたスタッフの姿勢や想いが知らず知らずのうちに参加者や観戦者，地域住民らに伝わっていくことで，大会の継続的な運営が可能になっている。

　大会のフィールドとなる大町市への貢献策としては，大会の賞品に地元の物産を取り入れたり，使用機材や施設（マウンテンバイクやカヤック，宿泊・温浴施設など）は地元の企業や団体を利用したりすることで一定の経済効果（利

益還元）をもたらすようにしている。また，チェック・ポイントで大町市にちなんだクイズを盛り込むことで，ゲーム性と地域のPRを兼ねたイベントにしている。こうした様々な仕掛けが大町市の認知度やイメージを高め，参加者や観戦者の再訪問を促す要因になっている。また，地域の様々な利害関係者に配慮して，大会の趣旨や運営方法に関する相互理解の場を何度も設けていることから，理解のある地元住民から様々な面で的確なアドバイスを得ている。

3-2 「北アド」のティッピング・ポイント

「北アルプス山麓 Adventure Games 2001」は，地域の活性化をミッションとし，ボランティア・スタッフのみで運営され，企業から提供される協賛品は競技中の給水や栄養補給と入賞者への賞品（副賞）としてすべて提供され，参加費から得られる収益はスタッフなどに再配分されることなく事業に再投資されるという点で非営利のソーシャル・ビジネスである。スポーツ・イベントとしては決して大規模なものとはいえないが，民間企業が主催する同様のアドベンチャーレースが数年で終わったり，主催者が何度も変わったりしているなか，10年以上にわたって体制が変わることなく事業を継続し続け，平均180名の参加者を集めてきたという成果は，ソーシャル・ビジネスとして十分な評価に値する。北アドの成果に注目したスポーツ用品メーカーから，運営ノウハウやスタッフを含めたすべての経営資源を買収したいという提案もあったそうだが，彼らは「事業の社会性」と「最適規模のイベント運営」にこだわり，大手企業の資本のもとで営利を主とする大規模なイベントへと変わることを避けてきた。

　こうした北アドの成果を参加者へのアンケート調査から分析してみると，①リピーターの獲得，②他のスポーツ・イベントとの相乗効果（転戦者率の上昇）に関してティッピング・ポイントが発生しており，それによって長期的な成功が実現できたと推測することができる。そこで以下では，この2点について詳細に論じていく。

　スポーツに限らず，あらゆるイベントやビジネスの長期的成功に不可欠なのはリピーターである。北アド参加者のなかでリピーターの推移を調べてみると，2003年から2004年の間にティッピング・ポイントが生じていることが明らか

図表1−2　リピート率の推移

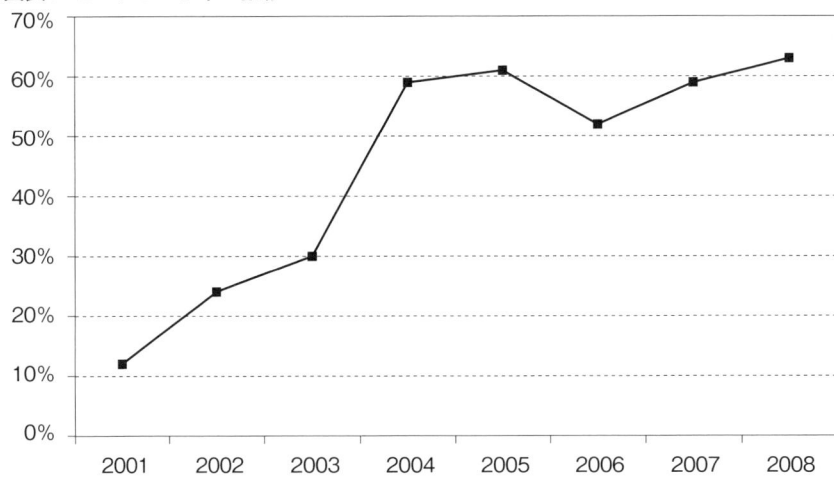

出所：「北アルプス山麓 Adventure Games 2001」参加者へのアンケート調査より

図表1−3　転戦率（他大会の経験率）の推移

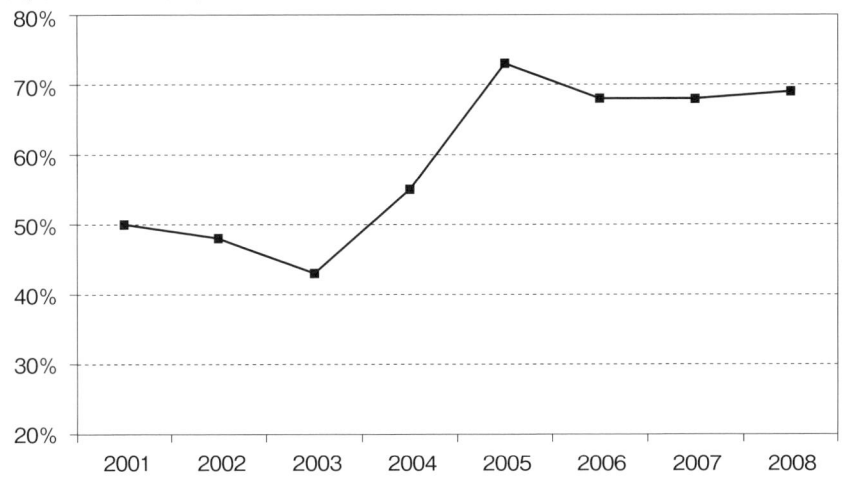

出所：「北アルプス山麓 Adventure Games 2001」参加者へのアンケート調査より

になった。2003年までのリピーターは30％以下に留まっていたが，2004年に60％台へと急上昇し，それ以降はほぼ安定的に推移している（図表1－2）。

　第2に，他のスポーツ・イベントとの相乗効果（転戦者率の上昇）だが，北アド参加者に他大会の経験率（参加率）を尋ねたところ，リピーターの急増と軌を一にして2003年から2004年の間にティッピング・ポイントが発生している。他大会の経験者は2003年までは50％前後であったのが，2004年以降は急上昇し70％前後を推移している（図表1－3）。

　北アドのリピート率と転戦率がティッピング・ポイントのS字曲線を示している点について，Gladwellが提示したティッピング・ポイントの3要因である「少数者の法則」，「粘りの要素」，「背景の力」に照らして整理していくと，以下の見解を導き出すことができる。

①**少数者の法則**

　北アドの特徴の1つは，首都圏に在住・在勤する7名のコアスタッフが主催しているという点にある。都市住民が中心となって地方の活性化イベントを10年以上にわたって手がけてきたという点は，Gladwellのいう「少数の例外的な人々の努力」による成功例といえる。論点が異なるため本稿では議論をしないが，「地域を変えるのは『ヨソ者・若者・バカ者』だ」と一般的に称されていることを鑑みれば，地域活性化を考える上で貴重な示唆をもたらすケースといえるだろう。

　北アドの開催当初，地元の住民や行政などの関係機関は，「地方の自然環境を利用して一儲けしようと都会から来ているだけなのではないか」とか，「ヨソ者がそんなことをしても成功するはずがない」と懐疑的に思われていたそうである。そこで彼らスタッフは，大会の趣旨を理解して貰えるよう地主や関係機関などに何度も足を運び，長い時間をかけて話し合いを行い，地域との関係を形成し，理解と支持を獲得していった。また，地元のメディアにも積極的に接触して大会の趣旨をアナウンスしてもらうことで，広く地域の支持を得られるよう努力した。また，地方の社会に存在する目に見えない大きな「壁（境界）」にも配慮し，「筋を通す手順」を踏まえることにも多くの時間と労力を注いだ。こうした様々な努力が大会の成果につながっているものの，地域の全面的な支援はいまだに期待しがたい状況にある。これには，交流人口の増加に貢献する

スポーツ・イベントの意義や役割，地方の疲弊に対する危機感など，コアスタッフと地方住民との意識の差が主要因となっていると思われる。

もう1つは，北アドのコアスタッフがもつ社交性，知識，仲間内での影響力である。彼らは，これまでの競技経験をとおして蓄積された全国のアスリート仲間やスポーツ関連企業とのネットワークを活用しながら大会の継続的な運営を行ってきた。そうした人脈とともに，アドベンチャー・ゲームに関する専門的な知識にもとづいて大会は運営されている。トップアスリートが参戦するだけでなく，彼らがボランティア・スタッフとしても参加するなど，コアスタッフの人脈がもつ影響力は大会運営の大きな要因となっている。こうした点が北アドにおけるティッピング・ポイントの少数者の法則を成立させている。

②粘りの要素

北アドがもつメッセージの粘着性は大会の理念と主催者の思いにある。地域活性化をミッションとし，自然環境と地域社会との共生，そして様々なレベルの競技者や観戦者も楽しめるよう配慮した参加型スポーツ・イベントであることが参加者の共感と支持を集めてきた。こうした理念を掲げる理由について，大会の代表である矢口正武氏はこう語った。

アドベンチャー・ゲームの会場は言わば自分たちの遊び場である。自分たちの遊び場は自分たちで保全しなければいけない。自分たちだけが楽しい思いをして，自然環境を汚したり，地元の人たちに迷惑をかけたりしてはいけない。トップアスリートだけでなく，すべての競技者とその家族や友人たちも楽しめて，かつ地元の人たちとのつながりがもてたら，こんなにいいことはない。そのために自分たちのできることは何かと考えたら，地域活性化という発想につながった。

自分はこれまでランドスケープ・アーキテクチャーとして多くのリゾートや都市公園の計画・設計に携わってきたが，そうした施設の多くはハコモノばかりで，「仏つくって魂入れず」ではないかと，あるとき気づかされた。そこで遊ぶ人たちが楽しい時間を過ごしたり，地域との関係を築いたりする場になるよう配慮しなければいけない。そうした意味でも，スポーツ・イベントが集客や経済的成功だけでなく，人と人とのつながりをつくれるようなものにしたい。

こうした主催者の思いが運営姿勢に表れ，参加者に浸透していったことが粘

りの要素となり，リピーターの増加にいたったと考えられる。

③背景の力

　北アドがティッピング・ポイントを超えることができた背景要因としては，a）アドベンチャー・ゲームを事業として展開するために必要な社会・経済的基盤がある程度整備されていたことと，b）北アドの仕組みをベースとした同様の大会が全国各地で開催されていったこと，すなわち「スピンオフ（派生現象や派生的事業）」が次々と生じたことで競技人口の増加と認知度の向上が進み，スピンオフした各事業間での相乗効果が生じたたことが挙げられる。

　1980年代後半以降，アドベンチャー・ゲームのルーツであるトライアスロンやアドベンチャーレースが注目され始め，世界各国で開催されていったことから，競技人口は増加し，主催団体の経験値（ノウハウ）も蓄積され，テレビやスポーツ雑誌などのメディアをとおして認知度も向上していった。つまり，既存のアウトドア・レースの世界的な成功によって，ソーシャル・ビジネスとしてアドベンチャー・ゲームを展開していく上での基盤（顕在的・潜在的な競技参加者の獲得，運営スタッフやボランティアの募集と育成，スポンサーなどの支援者の理解など）がある程度整備・充実されており，事業のポテンシャルが高まっていたと考えられる。

　アドベンチャーレースは，1989年にニュージーランドで開催された「RAID GAULOISES（1989～2003年）」が世界初のレースとされており，それを一新した「The RAID（2004～2007年）」とが世界的な普及に貢献したレースとされている。[12]これは，4～5人の男女混合チームに2人のサポートが付き，約10日間かけて900～1,000kmを走破する世界で最も過酷な冒険レースとされている。ニュージーランドや南アフリカ，アルゼンチン，フランス，イタリア，カナダなど世界各国で開催されたこともあって，同様のレースが世界各国で開催される契機となった。

　日本国内でも2000年以降，同様のアドベンチャーレースが距離や日数，競技レベルなどを変えながら各地で展開されていった。[13]「伊豆アドベンチャーレース（2000～2005年）」は，99年のプレ大会以降，プロのアドベンチャー・レーサーや海洋冒険家などの関与によって国内最高峰のレースと評されるまでに成長し，「里山アドベンチャー（2002年～）」や「X-Adventure（1999年～）」，「ア

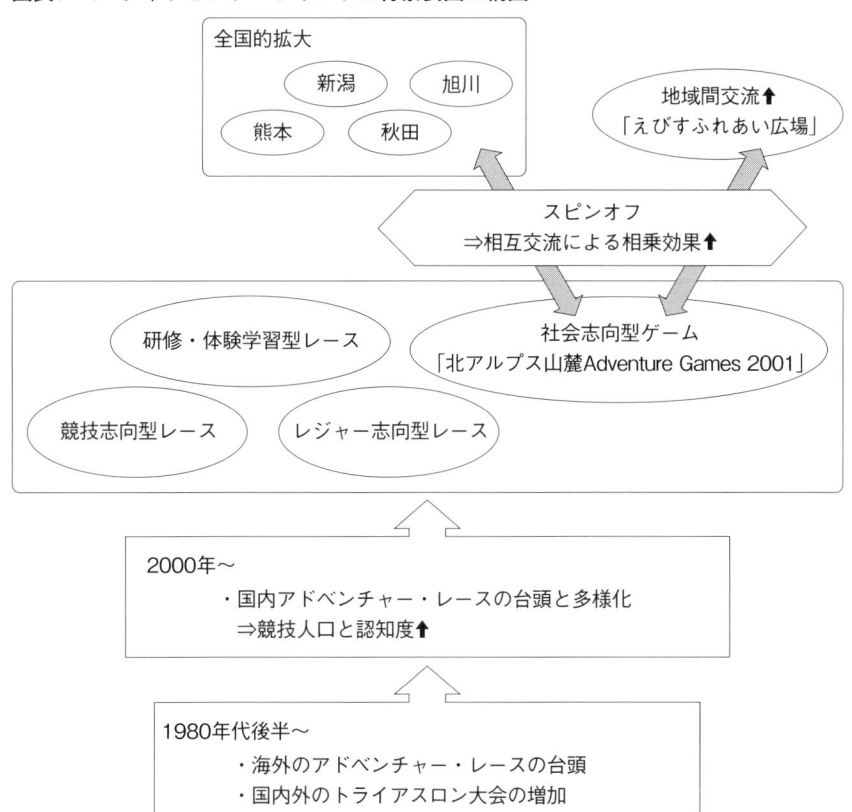

図表1-4 ティッピング・ポイントの背景要因の構図

```
┌─────────────────────────┐
│      全国的拡大          │              ┌──────────────┐
│    新潟    旭川         │              │ 地域間交流↑   │
│   熊本    秋田          │              │「えびすふれあい広場」│
└─────────────────────────┘              └──────────────┘
              ↑                                 ↑
              └──────┐            ┌─────────────┘
                  ⬢ スピンオフ ⬢
                  ⇒相互交流による相乗効果↑
                         ↑
┌─────────────────────────────────────────────┐
│   研修・体験学習型レース      社会志向型ゲーム          │
│                          「北アルプス山麓Adventure Games 2001」│
│   競技志向型レース    レジャー志向型レース            │
└─────────────────────────────────────────────┘
                         ↑
┌─────────────────────────────────────────────┐
│ 2000年～                                     │
│ ・国内アドベンチャー・レースの台頭と多様化          │
│   ⇒競技人口と認知度↑                         │
└─────────────────────────────────────────────┘
                         ↑
┌─────────────────────────────────────────────┐
│ 1980年代後半～                                │
│ ・海外のアドベンチャー・レースの台頭             │
│ ・国内外のトライアスロン大会の増加               │
└─────────────────────────────────────────────┘
```

ドベンチャーレーシング・ジャパンシリーズ（2008年～）」など，他のレースの発展にも様々な影響をもたらしてきた。そうしたなか，本格的な競技大会だけでなく，里地里山をフィールドとして遊びの要素を取り入れたレースや，企業研修や学校の体験学習向けにアレンジされたレースなど，初心者から競技者向けまで多様なレースが全国で展開されていった。

　こうした多様なアドベンチャーレースが全国に広まっていったことで，各大会の転戦者や観戦者が年々増えていった。さらに，北アドに参加した選手たちが旭川や秋田，新潟，熊本などで同様の参加型スポーツ・イベントを次々と開催していった。それによって競技人口は一層拡大し裾野が広がっていくとともに

に，リピーターや転戦者の増加，参加者や主催者同士での情報交換や交流の活発化といった開催地（大会）間での相乗効果がもたらされた。北アドのコアスタッフは，全国のアスリート仲間のネットワークを活用しながら大会の継続的な運営を行ってきた。そのネットワークが今度はスピンオフを生み出す基盤となって作用したといえる。

さらに，北アドをとおして形成された大町市とのネットワークによって，東京都渋谷区で開催される地域イベント「えびすふれあい広場」で大町市の観光PRと農産物の直販を2004年から行うことになった。これは1日だけのイベントだが参加者は毎年4,000人を超えており，地方と都市の地域交流を促進する機会となっている。こうした様々なスピンオフが発生し，各事業間での交流をとおした相乗効果がもたらされていることが背景要因といえる。この関係は図表1-4のように示すことができる。

4 まとめ

この章では，ソーシャル・ビジネスの現状とティッピング・ポイントに関する概念を整理し，本書における基本的な研究の方向性を提示するとともに，地域活性化をミッションとするスポーツ・イベントの事例をとおしてソーシャル・ビジネスにおけるティッピング・ポイントの要因を明らかにしていった。

社会・経済的課題に取り組むNPO法人が増加の一途をたどる一方，その経営体制は脆弱で不安定なままにある。ソーシャル・ビジネスが社会・経済的課題の解決をとおして社会変革を促していくためにも，その事業課題やティッピング・ポイントを見つけ出し，実践的・理論的知見を導き出していく必要がある。そこで本稿では，①少数者の法則，②粘りの要素，③背景の力というティッピング・ポイントの3要因について検討していった。

「北アルプス山麓Adventure Games 2001」は，首都圏に在住・在勤する7名のコアスタッフによる地道な努力と，彼らの社交性（ネットワーク），知識，人脈をとおした影響力，大会の理念と主催者の思い，アドベンチャー・ゲームの背景要因となる社会経済的基盤の整備，スピンオフ事業の発生と各事業間で

の相乗効果によってティッピング・ポイントを超えることができた。それによって地域活性化事業は継続的に行われ，地方と都市との交流促進や地域ブランドの育成に一定の貢献を果たしてきた。今後の課題としては，一時的・単発的なイベントによる効果をベースにしながら，より長期的・反復的なツーリズムへと発展させていくことが重要になる。また，大町市および周辺地域で開かれる他のイベントや観光事業との連携によって様々な地域資源を組み合わせ，更なる相乗効果をもたらす事業へと展開していくことが期待される。そうしたなか，事業ノウハウの蓄積と地域社会の支持をさらに高めていくことで，社会・経済的効果を高めることができるだろう。

　ソーシャル・ビジネスにおけるティッピング・ポイント研究の課題としては，スポーツ・イベントだけでなく，他の事業についてもティッピング・ポイントの3要素の妥当性を検証していく必要がある。同時に，少数者の法則や粘着性，背景の力を把握するための分析手法や具体的で計量的な指標についてもより精緻化し検証レベルを高めていく必要がある。

［注記］
1）社会的企業とソーシャル・ビジネスに関する概念規定については，谷本寛治編著（2006）『ソーシャル・エンタープライズ－社会的企業の台頭』中央経済社，谷本寛治（2007）『ソーシャル・アントレプレナーシップ－想いが社会を変える』NTT出版などを参照。
2）内閣府による認証数（全国計）は2010年7月31日時点で40,510法人となっている。認証数は各都道府県などの所轄庁にNPO法人の設立を申請後に認証された数をさす。申請中や解散したものは含まない。内閣府 https://www.npo-homepage.go.jp/data/pref.html
　　一方，日本フランチャイズチェーン協会による調査では，コンビニエンスストアは2010年7月時点で42,995店となっている（同協会正会員企業の数）。社団法人日本フランチャイズチェーン協会「JFAコンビニエンスストア統計調査月報」http://www.jfa-fc.or.jp/particle/42.html
3）Malcom Gladwell, *The Tipping Point: How Little Things Can Make a Big Difference*, Abacus, 2000（高橋啓訳『ティッピング・ポイント』飛鳥新社，2000年）．
4）*Ibid.*
5）Everett M. Rogers, *Diffusion of Innovation*, Free Press, 5th ed., 2003（山藤利雄訳『イノベーションの普及』翔泳社，2007年）．
6）Jean-Gabriel de Tarde, *Les lois de l'imitation: Etude sociologique*, Félix Alcan, 1890（池田祥英・村澤真保呂訳『模倣の法則』河出書房新社，2007年），および *L'opinion et la foule*, Félix Alcan, 1901（稲葉三千男訳『世論と群集』未來社，1964年）．
7）Bryce Ryan and Neal C. Gross, "The Diffusion of Hybrid Seed Corn in Two Iowa

Communities,"　*Rural Sociology*, Vol. 8 Issue 1, 1943, pp.15-24.
8）Thomas W. Valente, *Network Models of the Diffusion of Innovations*（*Quantitative Methods in Communication Subserie*）, Hampton Press, 1995. *Id.*,"Social Network Thresholds in the Diffusion of Innovations,"*Social Networks*, Vol.18 Issue 1, 1996, pp.69-89. *Id.*, *Social Networks and Health: Models, Methods, and Applications*, Oxford University Press, 2010.
9）Geoffrey A. Moore, *Crossing the Chasm : Marketing and Selling High-tech Products to Mainstream Customers*, Harper Business, 1999（川又政治訳『キャズム：ハイテクをブレイクさせる「超」マーケティング理論』翔泳社，2002年）.
10）「北アルプス山麓 Adventure Games 2001（http://www.adventure-games2001.com/）」のケース分析にあたっては，同大会実行委員会代表・矢口正武氏，実行委員長・久保田篤氏，事務局・佐野千晶氏ほかスタッフの方々と，NPO法人「元気まちネット（http://www.genki-machinet.com/index.shtml）」スタッフの方々による多大な支援を得ている。記して感謝の意を表したい。

　なお，同大会が地域社会にもたらす効果や課題については，「地域活性学会第1回研究大会（2009年7月11日）」にて「地域資源を活用した参加型スポーツ・イベントの可能性－長野県大町市におけるアウトドア・スポーツをケースとして－」と題してNPO法人元気・まちネット代表理事・矢口正武，専修大学商学部神原理・大林守による共同発表として報告を行っている。第3節は，この報告をベースにティッピング・ポイントの視点から分析したものである。
11）アドベンチャーレースの概念や史的経緯については，山と渓谷社「アドベンチャースポーツマガジン」2003-2009年参照。
12）同上書参照。
13）同上書参照。「アドベンチャーレーシング・ジャパンシリーズ」http://www.adventurerace.jp/，「X-Adventure」http://www.x-adventure.jp/，「里山アドベンチャー」などの企画・運営に関してはイーストウインドプロダクション http://www.east-wind.jp/，研修や体験学習など多様なアドベンチャーレースの企画・運営については，（有）エクストレモ社http://www.a-extremo.com/index.html を参照。

[参考文献]
青池愼一（2007）『イノベーション普及過程論』慶応義塾大学出版会。
Hippel, Eric Von（1988）*The Sources of Innovation*, Oxford University Press（榊原清則訳『イノベーションの源泉：真のイノベーターはだれか』ダイヤモンド社，1991年）.
Moore, Geoffrey A.（2005）*Dealing with Darwin : How Great Companies Innovate at Every Phase of their Evolution*, Portfolio（栗原潔訳『ライフサイクルイノベーション：成熟市場＋コモディティ化に効く14のイノベーション』翔泳社，2007年）.
Westley, Frances, Zimmerman, Brenda and Patton, Michael Quinn（2006）*Getting to Maybe : How the World Is Changed*, Random House Canada（東出顕子訳『誰が世界を変えるのか－ソーシャル・イノベーションはここから始まる』英知出版，2008年）.

第2章 ティッピング・ポイントの数量分析

－北アルプス山麓 Adventure Games のケース－

1 イントロダクション

　本小論の目的は，ソーシャル・ビジネスが拡大するきっかけとしてのティッピング・ポイントの数量分析を考察することにある。特に，現段階における貧弱なソーシャル・ビジネスのデータ整備状況を前提にした分析を行う。そのため，多変量解析手法である回帰分析などを利用したフォーマルな統計分析は採用せず，データにもとづいた数量分析を行う。

　ティッピング・ポイントとは，Gladwell（2000）により広く知られるようになった現象であり，「あるアイデアや流行もしくは社会的行動が，敷居を超えて一気に流れ出し，野火のように広がる劇的瞬間のこと」である[1]。Gladwellは雑誌ニューヨーカーのライターであり，アカデミックな専門家ではない。彼自身，自著を知的冒険談と位置づけている。多くのアネクドートとアナロジーをたくみに社会科学の成果と結びつけ，アカデミックな成果を一般に紹介する役目を果たした功績は高い評価に値する[2]。

　しかし，研究対象としてティッピング・ポイントを取り上げる際には，注意深い考察が必要である。Gladwell（2000）は序章の注釈において，ティッピング・ポイントのモデルとして，社会学および経済学の文献を参照している[3]。こういった先行研究は普及，伝播，感染する現象を説明する理論モデルである。そして普及現象に関しては，事前に意図的な統計データ収集が計画・実施されているものが多い。ところが，ソーシャル・ビジネスを対象とした途端に問題が山積みとなる。まずソーシャル・ビジネスの定義問題がある。何をもってソーシャル・ビジネスとするかに関しては，おおざっぱな定義はあるものの研究者の

間にコンセンサスがあるとは言いがたい。統一した定義によるデータ収集は緒に就いたばかりである[4]。

本小論においては,地域活性化をミッション(社会的使命)とした参加型のアウトドア・スポーツ・イベントである「北アルプス山麓 Adventure Games 2001-2008」をケースとして取り上げる。分析データとしては,2001年大会から継続して行っている参加者へのアンケート調査の8年分を利用する。このようなイベントでは参加者の人数,性別,年齢,住所といったデータが入手できる程度なのが通常であるが,このイベントでは主催者により,開始当初からアンケート調査を継続的に実施してきた。このことにより数量分析の足がかりが準備された点は特筆に値する。また,このような1つのケースのみに着目することのメリットは,マクロ的なソーシャル・ビジネスの定義問題から逃れることができる点である[5]。

本小論のプランは次の通りである。はじめに入手可能なデータが十分でない場合に有効な第一次接近としてLogistic 曲線による成長曲線分析を紹介する。そして,北アルプス山麓 Adventure Games 2001-2008のデータを利用した数量分析を行う。さらに,そういったLogistic 曲線の限界と発展を議論する。最後に結論と将来課題を議論する。

2 北アルプス山麓 Adventure Games の成長曲線分析

ティッピング・ポイントというアイデア自体は決してあたらしいものではない。Rogers (1962) は,イノベーションがどのように社会や組織に伝播・普及するのかの実証的研究を発表した[6]。イノベーションの採用者を5つのカテゴリに分類できる。(1) 2.5%のイノベーター(革新的採用者)は革新的で,最初にイノベーションを採用する。(2) 13.5%のアーリー・アダプター(初期少数採用者)は自ら情報を収集・判断し,多数採用者から尊敬を受ける。(3) 34.0%のアーリー・マジョリティ(初期多数採用者)は比較的慎重で,初期採用者に相談するなどして追随的な採用行動を行う。(4) 34.0%のレイト・マジョリティ(後期多数採用者)は慎重で,全体の普及状況を見て模倣的に採用

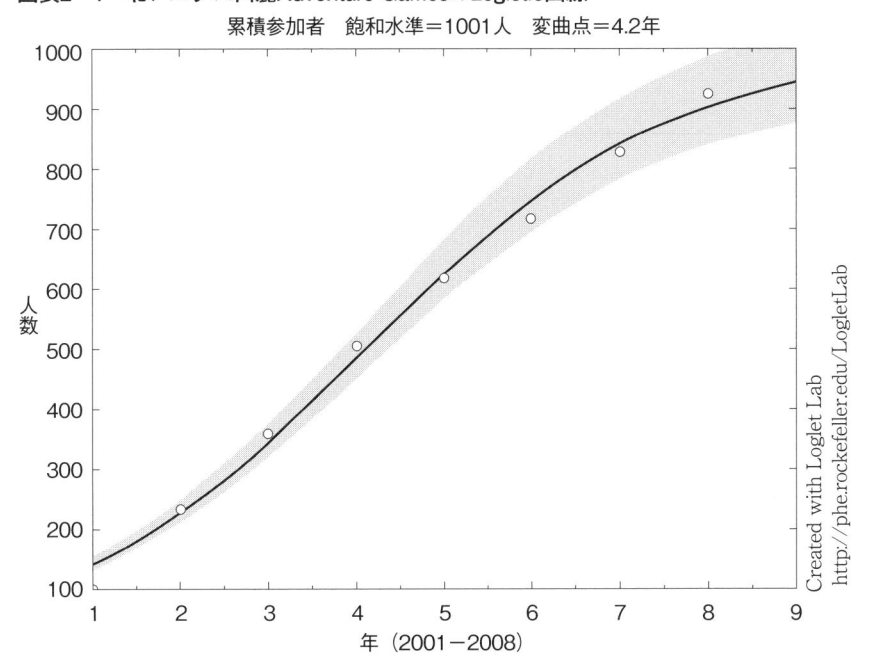

図表2−1　北アルプス山麓Adventure GamesのLogistic曲線

累積参加者　飽和水準＝1001人　変曲点＝4.2年

（グラフ：縦軸「人数」100〜1000、横軸「年（2001−2008）」1〜9）

Created with Loglet Lab
http://phe.rockefeller.edu/LogletLab

する。（5）16.0％のラガード（採用遅滞者）は保守的で最後に採用する。これらの関係は，採用者数を縦軸にとり，時間を横軸にとると，いわゆる釣鐘型の分布曲線を描く。また，縦軸に累積採用者数をとり，時間を横軸にとるとS字型の曲線を描く。[7] したがって，S字型曲線上のアーリー・マジョリティーの段階からは加速的に採用者が増加するためティッピング・ポイント現象を経験することになる。

　S字型曲線は一般的にはSigmoid曲線のことであり，成長曲線と呼ばれることが多い。典型的なライフサイクルは，生成期，成長期，安定期，衰退期というサイクルである。単独の成長曲線は，この過程を衰退期前の安定期に収束するまでを記述する曲線である。代表的なS字型曲線であるLogistic曲線は3つのパラメータを推定する必要がある。[8] 成長曲線を推計するためには回帰分析や非線形回帰分析を利用したパラメトリックな推計方法が望ましいが，今回使用するデータは2001年から2008年までの8年間の年次データが利用できるのみで

図表2−2　北アルプス山麓Adventure GamesのLogistic釣鐘曲線

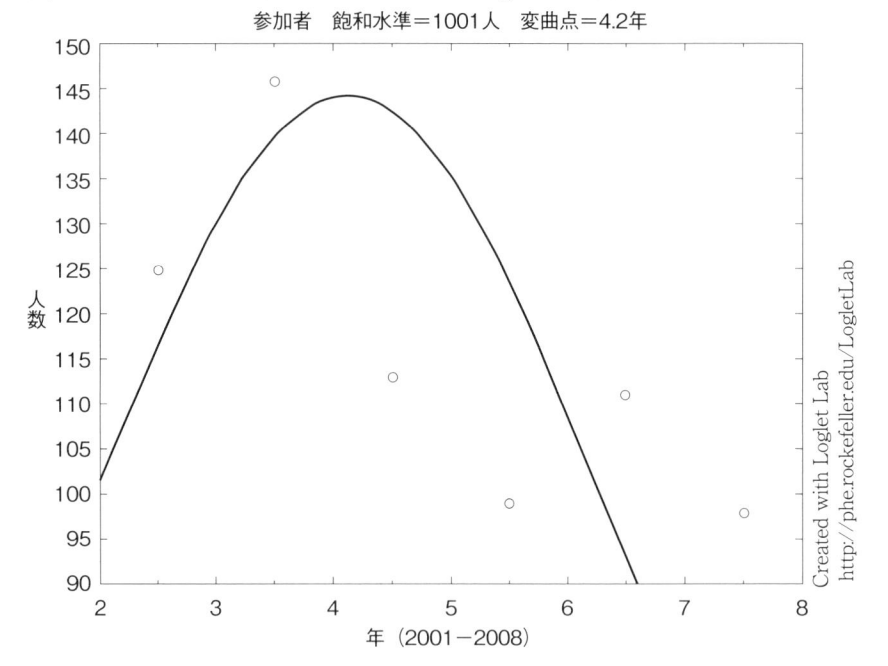

参加者　飽和水準＝1001人　変曲点＝4.2年

[グラフ：縦軸「人数」90〜150、横軸「年（2001−2008）」2〜8、釣鐘型のLogistic曲線とデータポイント]

Created with Loglet Lab
http//phe.rockefeller.edu/LogletLab

ある。観測値が少ないため，推定値の分散は大きなものとなり，分析手法としては好ましくない。そこで，以下ではロックフェラー大学で開発されたフリーウェアの数値計算ソフトであるLoglet Labを利用する[9]。このフリーソフトは，Logistic曲線を推定し，グラフィカルに出力するとともに，ブートストラップ法による95％信頼区間も表示してくれる。

　実際に北アルプス山麓 Adventure Gamesのアンケートデータをもとにした累積参加者の分析を，まずLoglet Labを利用して行った。図表2−1は，北アルプス山麓 Adventure GamesのLogistic曲線推計の結果である。丸い点はデータポイント，実線が推計されたLogistic曲線，グレーの部分はブートストラップ法により計算した95％信頼区間である。累積参加者の飽和水準は1001人，変曲点は4.2年（2004年）と推計されている。図表2−2は同じ推計結果を釣鐘曲線に変換したものであり，変曲点の4.2年まで参加速度は加速し，それ以降は参加速度が減速していくのがわかる。したがって，最も高い参加速度は4年

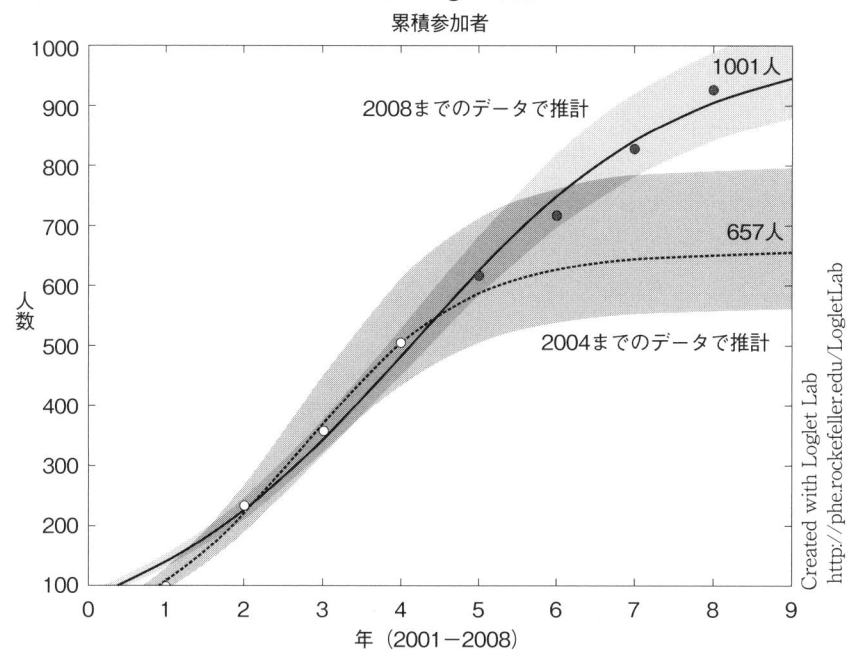

図表2-3 データ期間を変化させた場合のLogistic曲線

累積参加者

(グラフ：2008までのデータで推計 1001人／2004までのデータで推計 657人)

Created with Loglet Lab
http//phe.rockefeller.edu/LogletLab

前後に訪れることになる。

　入手できる観測値を利用した分析結果は視認できるように当てはまりは良い。しかし，8年間の実績を持っているイベントはある程度成功しているからこそ生き残っている訳であり，データの蓄積のない現在進行形のイベントに関して有用な情報としては限定的である。そこで，変曲点以前のデータを考えると，ちょうど観測値の半分となるので，2001年から2004年までの4年間の情報のみでLogistic曲線を計算し，それを先の結果に重ね合わせたのが図表2-3である。2004年までのデータの推計結果による飽和水準は657人であり，2008年までのデータの結果である1001人より少ない。さらに両方の推計結果による95％信頼区間も重なっていない。つまり，Logistic曲線の当てはめが適当でない可能性がある。

　主な可能性として関数型の問題と構造変化の問題を考えることができる。関数型の問題は，Logistic曲線以外の成長曲線との比較となる。Logistic曲線は

ライフサイクルをうまく描くが変曲点を中心に左右対称であるから，ライフサイクルパターンも加速期間と減速期間は同じとなってしまう。この問題を解決するには，同じようなパターンを描くが左右非対称となるGompertz曲線やより一般的な形状を表現できるSigmoid関数を選択することが必要となる[10]。しかし，今回のように観測値が高々8個しかないような場合には，そういった方向への展開は有効でない。

構造変化を考える方法も色々あるが，ここではLogistic曲線で近似することを前提にすると，複数のLogistic曲線による近似を考えることができる。例えば，参加者数が複数のLogistic曲線の和によって生成されていると考え，2つのLogistic曲線が重なっている場合を2重Logistic曲線と呼ぶわけである。複数のS字曲線をジャンプすることが成功の要因であると，Nunes（2011）が提唱している[11]。

図表2-4は2重Logistic曲線を当てはめた場合の結果であり，図表2-5は当てはめた2本のLogistic曲線を個別に描いたものである。1番目のLogistic

図表2-4　北アルプス山麓Adventure Gamesの2重Logistic曲線

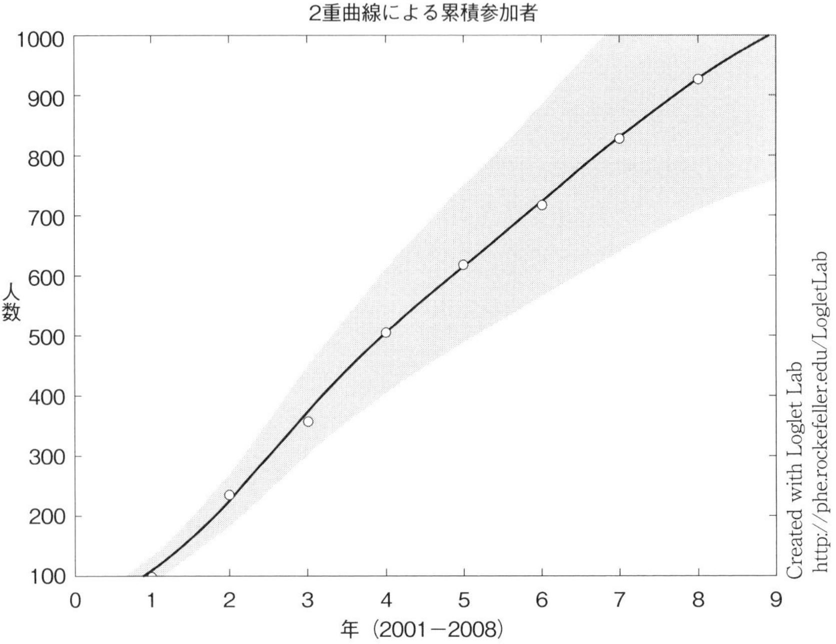

第2章 ティッピング・ポイントの数量分析

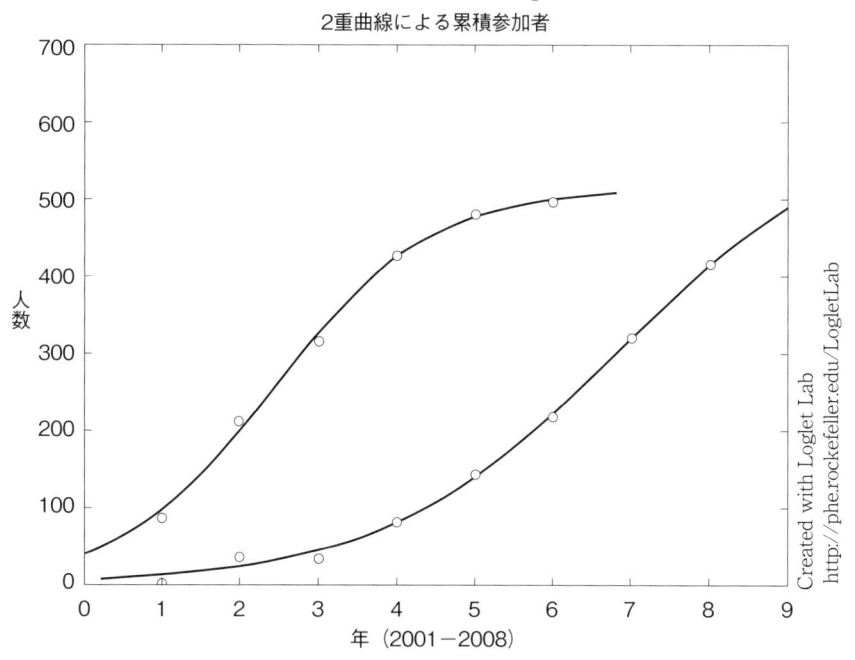

図表2-5 北アルプス山麓Adventure Gamesの個別Logistic曲線
2重曲線による累積参加者

曲線の飽和水準が514人で変曲点が2.5年，2番目のLogistic曲線の飽和水準は608人で変曲点が6.8年である。図表2-4の結果から，95％信頼区間が図表2-1の結果より拡大していることがわかる。一方で，2本のLogistic曲線がもたらす情報は興味深く，2種類の参加者グループがあると想定すると，2.5年で変曲点を迎える初物食いグループと変曲点が6.8年とゆっくり増加していく慎重グループが存在することがわかる。

以上の推計から相反する結果を読み取ることができる。観測値を全部利用した推計である図表2-1をみるかぎり，推計の当てはまりは目視で確認できるように良いことから，Logistic曲線による近似は有効であると考えることができる。しかし，2008年の実績で累積参加者は928名であり，1001名の飽和水準が正しいとすれば2009年に73名の参加者があると翌年からは新参加者はゼロとなる結果となり現実的ではない。また，構造変化を2重Logistic曲線で考慮した結果をみると，2つのグループの飽和水準は514人と608人，合計1112人

図表2-6　リピート率のLogistic曲線

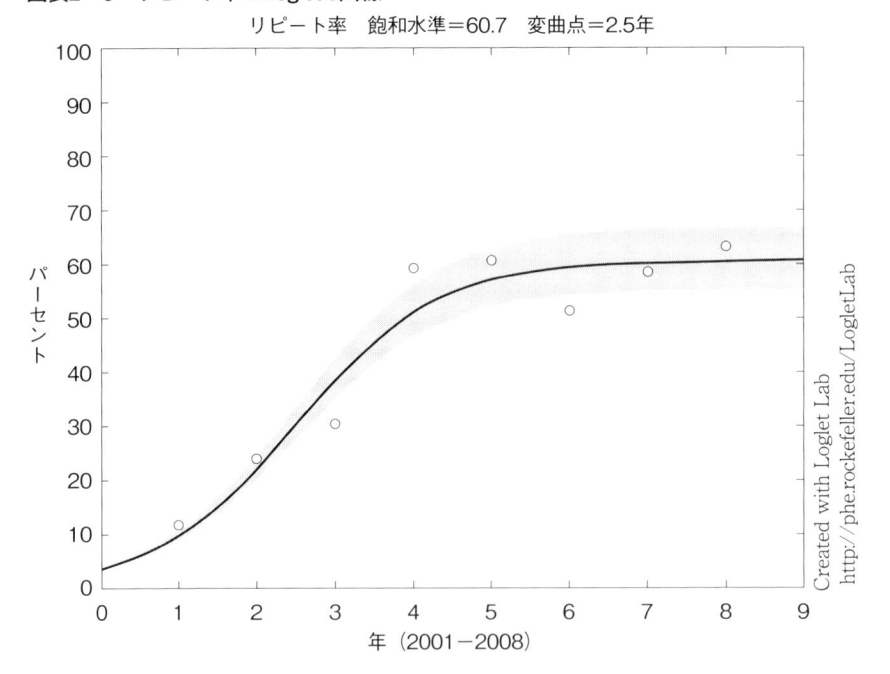

リピート率　飽和水準＝60.7　変曲点＝2.5年

縦軸：パーセント（0〜100）
横軸：年（2001-2008）（0〜9）

Created with Loglet Lab
http://phe.rockefeller.edu/LogletLab

となり飽和水準に大きな変化はない。ただし，2重Logistic曲線による近似の場合は分散が拡大していることから，飽和水準が1112人を超える可能性は高い。そして，新しいデータの蓄積により多重Logistic曲線化する可能性を考慮に入れることも可能である。いずれにしろ累積参加者のみの分析では限界があることは確かである。

そこで，次にリピート率に着目する。レジャー分野における成功例に必ず登場するのは東京ディズニーランドである。特にリピート率の高さが注目されており，90％強のリピート率を報告するメディアもある。インターネット調査で公表されている2005年に行われた調査では，ディズニーランドのリピート率は85.0％となっている[12]。

ティッピング・ポイントの3つ要因の1つに「粘りの要素」があるが，これはリピート率と関連すると考えてよかろう。北アルプス山麓 Adventure Gamesのアンケート調査データからリピート率を計算することが可能である。

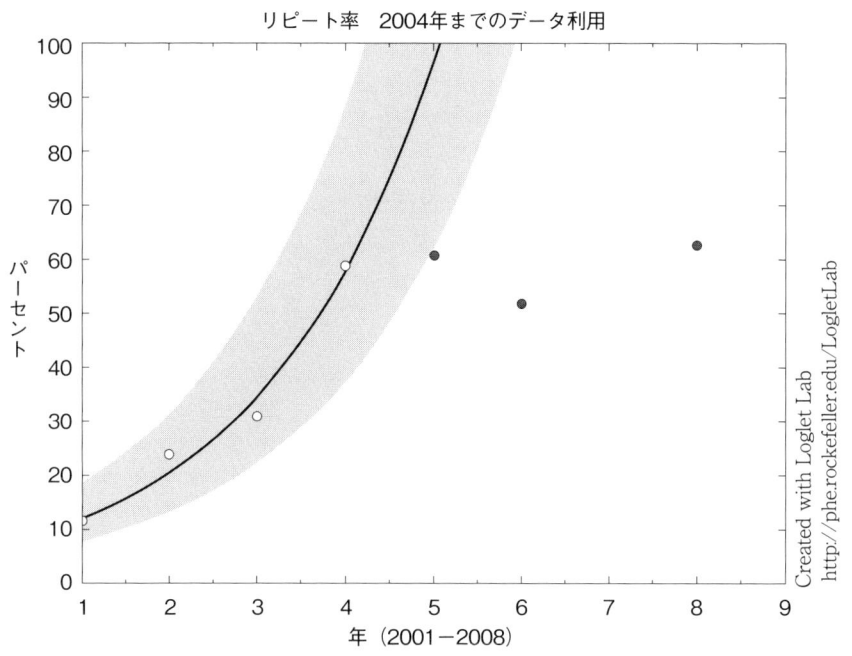

図表2-7　2004年までのデータを利用したリピート率Logistic曲線

リピート率　2004年までのデータ利用

Created with Loglet Lab
http://phe.rockefeller.edu/LogletLab

　そこで，リピート率を利用してLogistic曲線を計算したのが図表2-6である。
　リピート率の飽和水準は60.7％，変曲点は2.5年となっている。累積参加者の場合と異なり，6割程度のリピーターで安定するという飽和水準はリーズナブルな値であろう。
　図表2-7は，上述の累積参加数分析で行ったように，2004年までのデータで推計した結果である。図表2-7から明らかなように成長曲線は指数的に発散する傾向がみえる。
　しかし，そもそも飽和水準は100％を超えることはない。そこで，飽和水準に上限の制約をつけて推計すると，変曲点が計算できる。リピート率が100％となることも非現実的であることから，60〜90％程度を想定して計算したものが図表2-8である。このようにすれば，変曲点は3年目あたりにくることが予測でき，リピート率が最も高くなるのは3年前後ということになる。
　また，データを1年分増加し，2005年までのデータで推計すると，飽和水準

図表2-8 飽和水準制約付き推計結果（2004年までのデータ）

飽和水準の制約（%）	100	90	80	70	60
変曲点（年）	3.7	3.4	3.1	2.8	2.5

74%，変曲点は3年となる。飽和水準は全サンプルで計算した場合の95%信頼区間をはずれるが，変曲点情報は年単位でみれば3年であり，目安として十分であろう。[13]

これらの例がどれだけ一般性を持つかについては，同様な実証研究の積み重ねの中でコンセンサスが生まれることを期待するしかない。

3 単純な現象論的分析を超えて

モデル化には大別して2つのアプローチがある。1つは現象の背景にある因果関係を解き明かしながら構築する理論的モデリングのアプローチである。これは現象のメカニズムを理解するために不可欠なプロセスであるが，現実の問題に応用するためには，モデルに含まれる様々な変数やパラメータの値を推定する必要がある。もう1つは，対象を一種のブラックボックスとみなし，入出力関係をうまく描写する数学モデルを構築する現象論的モデリングのアプローチである。このようなモデルには複数のパラメータが含まれており，入出力関係が観測結果にうまく当てはまるようにそれらを決める。実際には両者の中間的な特徴を持つモデルとなることがあるが，応用計量経済学における第一次接近としては，現象論的アプローチが使用されることが多く，本小論においてもLogistic曲線への観測値の当てはめという実用的アプローチを利用した。[14] このアプローチはソーシャル・ビジネスあるいはそのイベントなどの成長過程に関する予測をたてることを可能とし，将来計画の立案を容易にするというメリットがある。

しかし，理論的な分析と距離があることも事実である。Gladwell (2000) は，ティッピング・ポイントの理論的背景としてシェリングによる居住地分離モデ

ル,グラノベッターの閾値モデル,クレインの疫学モデルをベースに用いている。しかし,これらのモデルを統一的かつ実証的に分析することは非常に困難である。シェリングのモデルはゲーム理論を利用したシミュレーションにより,積極的に人種差別をすることなく居住地が分離することを示したものである。グラノベッターは個人が選択するかしないかという2値選択において,何らかの閾値を判断基準にして行動するモデルでブームが起こったり起こらなかったりすることを示した。クレインは,貧民街には社会問題という伝染病が蔓延しているという視点から疫学的モデルを採用し,近隣環境がほんの少し悪化するだけで社会問題が蔓延する可能性を示した。それぞれ,非常に小さな要因がドラスティックな結果を生むティッピング・ポイント現象を説明したがベースとなるモデルはすべて異なる。[15] また,モデルに対応したデータの入手も困難なことが多い。

したがって,成長曲線分析の発展が模索されてきている。Bassモデルはそういった発展の代表である。[16] Bassモデルでは,イノベーションの潜在的な採用者は2種類のコミュニケーション,マスメディアチャンネルと対人チャンネルを持つ。マスメディアチャンネルは広告などの外部的な刺激を受ける採用者であり,対人チャンネルは内部(周囲)の影響を受ける模倣型の採用者である。

簡単化のため累積採用者 y の飽和水準を1とすると,Logistic曲線の時間変化分,つまり新採用者は,

$$\frac{dy}{dt} = \beta y - \beta y^2 = \beta y(1-y) \qquad (1)$$

とかける。一方でBassモデルは,π を外部効果の係数,ρ を内部効果の係数とすると,

$$\frac{dy}{dt} = \pi(1-y) + \rho y(1-y) \qquad (2)$$

とかける。毎期の新採用者は,外部効果で感染する部分と内部効果で感染する部分の和で示される。このとき,$\pi = 0$ つまり外部効果がなければ通常のLogistic曲線になる。当然,初期においては第1項の外部効果が大きいことがわかる。しかし,第2項が優勢になると自己増殖過程に入る。したがって,このモデルの場合はティッピング・ポイントをポイントとして分析できる。Bassモデルを,データの分析において便利な差分形式に書き直すと,

$$y_t - y_{t-1} = \pi(1-y) + \rho y(1-y) \quad (3)$$

となる。この式は，データが十分あれば，回帰分析で π と ρ というパラメータを推計することができる[17]。すると，

$$\pi(1-y_{t-1}) < \rho y_{t-1},\ i,e,\ \pi < \rho y_{t-1},\ or\ y_{t-1} < \frac{\pi}{\rho} \quad (4)$$

という条件が計算でき，$y_{t-1} < \pi / \rho$ の時，モデルはティッピング・ポイントを迎える。データが豊富ならば，このような方向での分析がより好ましい。

4 まとめ

　本小論では，限られたデータしか利用できない場合に，いかにすればティッピング・ポイントの計量分析が可能かを考えた。第一次接近としては，Logistic曲線を利用した成長曲線分析を紹介し，実際に計測した。成長曲線接近はデータの近似には有効であることを示したが，実用には注意が必要であることも示した。飽和水準を推定することと同時にモデル外で飽和水準の想定値を入手する努力も必要である。さらに，成長曲線分析の限界と発展方向性も分析した。将来課題としては，他のソーシャル・ビジネスに対して，本小論で行った数量分析を応用していくこと，そしてデータの蓄積を待ってより高度な分析手法を適用していくことを挙げることができる。

[注記]
1）Gladwell, M.（2000）*The Tipping Point*, Hachett Books Group USA. マルコム・グラッドウェル（2007）『急に売れ始めるにはワケがある』ソフトバンク文庫。
2）http://www.gladwell.com/tippingpoint/index.html, 01/20/2011 アクセス。
3）下記の文献が紹介されている。Schelling, Thomas（1969）"Models of Segregation," *The American Economic Review*, Vol. LIX, No. 2, May. Granovetter Mark & Roland Soong（1983）"Threshold Models of Diffusion and Collective Behavior," *Journal of Mathematical Sociology*, 9. Jonathan Crane（1991）"The Epidemic Model Theory of Ghettos and Neighborhood Effects on Dropping Out and Teenage Childbearing," *The American Journal of Sociology*, Vol. 96, No.

5 (March).
4) ソーシャル・ビジネスの統計と制度的検討のための調査事業報告書http://www.meti.go.jp/policy/local_economy/sbcb/index.html，01/20/2011アクセス。
5) もちろん，議論を一般化し，分析をよりズームアウトしていく場合には多くの困難が予想できるが，それは将来課題である。
6) Rogers, E. M. (1962) *Diffusion of Innovations*, New York: Free Press. エベレット・ロジャーズ（2007）『イノベーションの普及（第5版）』翔泳社。
7) S字型曲線のアネクドートはセオダー・モーディス（1994）『予測学入門』産能大学出版部に豊富である。
8) Logistic曲線は，$a，\beta，\gamma$ をパラメータとし，

$$y(t) = \frac{\gamma}{1 + ae^{-\beta t}}, \quad a, \beta, \gamma > 0$$

である。γ は飽和水準であり，tが増加するとyは漸近的に γ に近づく。

この式を時間微分すると

$$\frac{dy(t)}{dt} = \beta y(t) - \frac{\beta}{\gamma} y(t)^2$$

となり，無限に増加する第1項に対して，第2項が無限に増加する第1項をyの水準の自乗に比例して抑制する仕組みとなっている。γ がyと一致するとゼロ成長となる。パラメータの推計方法には，3点推定法などの数値計算法，変換したデータによる回帰分析，あるいは非線形回帰分析等がある。
9) http://phe.rockefeller.edu/LogletLab/　01／26／2011アクセス。
10) 一般的な関数型に関しては，以下を参照。Martinez, A.S., *et.al.* (2008) "Continuous Growth Models in terms of Generalized Logarithm and Exponential Functions," *Physica A: Statistical Mechanics and its Applications*, Volume 387, Issue 23, 1 October 2008. Tsoularis, A. (2001) "Analysis of Logistic Growth Models," *Res. Lett. Inf. Math. Sci.*, 2. http://www.massey.ac.nz/wwiims/rlims，01／26／2011アクセス。
11) Nunes, Paul (2011) *Jumping the S-Curve: How to Beat the Growth Cycle, Get on Top, and Stay There*, Harvard Business Press.
12) ネットリサーチ，DIMSDRIVE『東京ディズニーリゾート』に関するアンケート（2005）http://www.dims.ne.jp/timelyresearch/2005/050927/index.html，01/20/2011アクセス。
13) 2重Logistic曲線の推計では2本目のLogistic曲線が1年未満で収束するという非現実的な結果となった。
14) 実用モデルに関する議論は，国立社会保障・人口問題研究所編（2010）『社会保障の計量モデル分析－これからの年金・医療・介護』東京大学出版会の序章，大林守「社会保障モデルの今日的役割」を参照。
15) 分岐問題には，クリティカルマス，非線形雪崩，非線形ヒステリシスなど多くのモデルが存在する。また，推計方法にも，定数・係数ダミーを利用した回帰分析や閾値回帰分析のような手法が存在する。
16) Phillips, Fred (2007) "On S-Curves and Tipping Points," *Technological Forecasting & Social*

Changes, 74.

17) 簡単化のために飽和水準としてLogistic曲線の推計で入手した1001人を利用した回帰分析（第3式）の結果が以下の表である。結果は満足のいくものではない。パラメータの符号は期待符号であるが、第2項のt値は低く、自由度修正済みR2乗も低い。なお、数理モデルは切片がないモデルの推計を要請しているが、そうした推計には統計的問題があるため切片（c）を残した推計となっている。

Dependent Variable: Y − Y(−1)				
Method: Least Squares				
Date: 02/02/11 Time: 15:30				
Sample: 2002 2008				
Included observations: 7				
Variable	Coefficient	Std. Error	t-Statistic	Prob.
1001-Y(-1)	0.058383	0.021076	2.770049	0.0503
(1001-Y(-1))*Y(-1)	3.55E-05	9.63E-05	0.368225	0.7314
C	81.22281	24.70277	3.288004	0.0303
R-squared	0.666357	Mean dependent var		118.2857
Adjusted R-squared	0.499536	S.D. dependent var		18.21825
S.E. of regression	12.88823	Akaike info criterion		8.248033
Sum squared resid	664.4260	Schwarz criterion		8.224852
Log likelihood	-25.86812	Hannan-Quinn criter.		7.961516
F-statistic	3.994433	Durbin-Watson stat		2.711365
Prob(F-statistic)	0.111318			

第3章
コミュニティ・ビジネスと女性社会起業家
－多様な担い手が参画するコミュニティづくりにむけて－

1 はじめに

　本章は，コミュニティ・ビジネスやソーシャル・ビジネス[1]を担う組織や団体よりも，それを率いていく人，つまり「社会起業家」[2]に焦点をあてる。特に女性の社会起業家を例に，その特質性や困難性を考察していくとともに，コミュニティ・ビジネスが地域で根付き，持続可能性のあるコミュニティが形成されていくための課題を示してみたい。

　筆者は90年代以降，学会活動などを通じて，女性の創業・経営の実態調査に関わり，女性起業家を研究テーマとしてきた。一般の企業経営の場合，日本では相対的に女性経営者の比率が少ないことから，そのユニークな経営手法や視点がクローズアップされることが多かった。しかしコミュニティ・ビジネスの場合には，その事業領域の地域密着性や柔軟性などから，女性の代表者が活躍しているケースが決して珍しくない。むしろ保育サービスや福祉関連など，女性の担い手が多数派の分野もある。特に家庭との両立を前提にせざるをえない女性起業家であるほど，地域の社会的課題・問題を直視しマーケットを極めて地域限定的に捉え，限られた経営資源を活かしてコミュニティで活動するケースが多い。

　女性がコミュニティ・ビジネスにとりかかりやすいのには他にもいくつかの要因がある。第1に，参入のハードルが低いことがある。多くの賛同者を集めることさえできれば，創業時に必要な人，モノ，金，情報などのリソース調達は，一般企業を創業する時よりも容易である。第2に，地域の課題解決がミッションであるため，コミュニティ・ビジネスの対象とする市場は，当初から競

33

争がほとんどない。したがって特にマネジメント経験のない女性にとっては，ビジネスを行う上でのリスクが低く，外部環境には非常に恵まれている。加えて，第3にはコミュニティでの生活時間が長い女性が，ユーザー視点で事業機会を認識できれば，コミュニティでの人的ネットワークを活用して，既存のやり方に固執しない革新的なサービスを創造できる可能性が高い。この3つの優位な要因がある。

そこで本章では，主には，本書の共通テーマでもあるティッピング・ポイントという視点で，女性のコミュニティ・ビジネスを見ていきたいと思う。いくつかの女性社会起業家の事例から，コミュニティ・ビジネスにおいて，多様なステイクホルダーとの関係性がどのように構築され，それが，一般的経営者とは違う，社会起業家の特質性としてどう表れているのか。そして，日本でのコミュニティ・ビジネスが目指すべき方向性とは何かを考察してみたい。

2 創業支援ブームとコミュニティ・ビジネスへの注目

2-1 90年代の創業支援ブームと女性起業家支援

「失われた10年」といわれた1990年代，企業の廃業・倒産が増加するなか，いわゆる第3次ベンチャー・ビジネス・ブームが政策主導で到来したのは1995年である。当初はITやバイオ関連をはじめ，新しい成長産業分野の担い手となるベンチャー起業家の誕生が待望された。また，地方分権の流れも相まって創業ベンチャー支援拠点が全国各地に創設され，小規模の開業から先端的ベンチャー企業の開業・株式公開に至るまで，創業者の成長段階ごとのニーズに合わせた支援体制が整備されてきた。

女性の創業環境についてもこの時期大きな変化があった。例えば2001年には国民生活金融公庫で女性・高齢者向けの特別融資枠が創設[3)]され，それまであまり重視されてこなかった女性の創業支援が政策金融の具体的な形で示されたのは画期的ともいえよう。それ以前にも，自治体レベルでは，東京都，神奈川県，大阪府，山口県，足立区などのように，女性の創業支援に早くから取り組んできた地域もある。それらは，従来までの就業機会の確保や雇用対策というより

は，男女共同参画社会の普及・推進という考え方から，女性の起業活動に注目してきた。加えて，90年代後半は，インターネットの急速な普及により，関連するIT分野でのビジネスチャンスが拡大した。

一方同じ時期，働く女性をめぐる環境をみると，その大きな転換期でもあった。1986年に男女雇用機会均等法が施行され，いわゆる均等法世代の採用が始まって以降，90年代に入ると職場である程度のキャリアを積んだ，そうした世代の総合職女性たちが，独立開業するケースが多くみられるようになった。また，他方で，この時期に結婚・出産などを理由に退職をした女性が家庭に入り，地域コミュニティで起業活動を開始するケースも多々見られた。各地の女性センターなどで，キャリアを中断した女性の再就職支援の一環として女性の起業支援セミナーなどが多く開催されたのも90年代半ば以降である。

ただし我が国の女性自営業主は，この20年をみると年々その数は減少を続けており，高橋（2005）によれば，これは先進国の中で特異な動きであるとしている。また，自営業主になるための起業活動を見ても，先進国の中で日本は水準も低く，かつ事業機会活用型よりも，「食うための」生計手段確立型の開業が多いこと，さらに，女性の自営業主は男性よりも多産多死であるという傾向が指摘されている。これは安易な開業をしているためではなく，むしろ，ライフサイクルや置かれた環境に応じて，多様な働き方が可能な自己雇用を積極的に活かしている側面が女性には強いことを示している。これらがコミュニティ・ビジネスの担い手層を形成しているものと思われる。

2-2　コミュニティ・ビジネスへの政策的関心の高まり

コミュニティ・ビジネスへの関心が高まってきたのは，我が国では90年代中頃からであろう。特に1998年の特定非営利活動促進法（NPO法）の制定は，我が国市民活動の大きな転換点となった。その後2004年には『中小企業白書』の中で，具体的にコミュニティ・ビジネスが取り上げられた。さらに，2007年の経済産業省でのソーシャル・ビジネス研究会の発足と2008年からの経済産業省による各種ソーシャル・ビジネス／コミュニティ・ビジネス支援が始まったことは，我が国にとっては画期的な動きでもある。

ただし，九州経済産業局や関東経済産業局など，地方レベルでは比較的早い

段階からこのコミュニティ・ビジネスには注目してきており，地方の現実に則したコミュニティ・ビジネスに対する政策的支援の方向性を模索していた。

また，厚生労働省でも女性，高齢者やフリーターの雇用対策としてコミュニティ・ビジネスに注目していたし，地方自治体においても同じ理念からコミュニティ・ビジネスに関心は高まっていた。独自の支援は現在も少なくはない。

では，そうしたコミュニティ・ビジネス，ソーシャル・ビジネスの主たる担い手である社会起業家（ソーシャルアントレプレナー）とはどんな人物なのであろうか。また，どんな人物像の創出・育成が政策的関心の対象なのであろうか。以下でみていきたい。

3 「ソーシャルアントレプレナー」と女性

3-1 「ソーシャルアントレプレナー」とは何か

これまで，国内外において，「ソーシャルアントレプレナー」「社会起業家」という言葉は様々な意味で使われてきた。最もシンプルには，町田（2000）の示す「医療，福祉，教育，環境，文化などの社会サービスを<u>事業として</u>担う人たち」と定義できる。

より本質をみてみると，金子（2005）は，社会起業とは，「社会的なミッションを持ち，経済的リターンと社会的リターンの両方を追求する継続的な活動で，従来のビジネス手法を積極的に取り入れるもの」と定義している。また，「いわゆるボランティア活動とのはっきりとした違いは，ソーシャルアントレプレナーは，冷静かつ現実的なアプローチをとることによって，社会問題に対する１つの<u>"ソリューション"を提供する</u>ことだ」とする。つまり単なる担い手ではなく，「起業」というからには問題解決をビジネス手法で行う「起業家的活動」にその特質がある。

国のコミュニティ・ビジネス，ソーシャル・ビジネス支援体制づくりにあたって大きく貢献をしてきた谷本（2005）は，「グローバルにもローカルにも，持続可能な社会システムのあり方が問われ，そこにこれまでにないイノベーティブな取り組みをもって突破口を開こうとするのが社会企業家」とする。彼は

金子と同じく，社会的企業の特徴として社会性，事業性をあげているが，加えて特徴的なのは，従来の手法ではなく「革新性」を強調する点である。持続可能な社会システム構築にむけて，革新性をもって問題解決するのが社会企業家であるという理解ができる。

土肥（2006）の定義でも「今解決が求められている社会的課題（例えば，福祉，教育，環境等）に取り組み，新しいビジネスモデルを提案し，実行する社会変革の担い手であり，言いかえれば，彼らはフィランソロピー活動やチャリティ活動を超えて，社会的ミッションと収益事業を結びつけた『新しい仕組み』を提案できる能力をもつ人々」とされている。単なる経営者ではなく，そこに何らかの従来システムからの脱却を可能とする起業家的資質が要求されることを強調しているのである。

より具体的に特徴をみてみたい。斎藤（2004）は，社会起業家の特徴をより詳細に以下6点にまとめている。
① 地域コミュニティや世界の多様なニーズにこたえる<u>社会的使命感</u>を根底に抱きながらも，事業を実践する過程では巧みに<u>ビジネステクニック</u>を応用していく。
② 資本力は弱いながらも，時代を鋭く捉えたアイデアや創造性にあふれた<u>組織を作る</u>。
③ <u>パートナーシップ</u>を重視する。縦割り型組織の弊害に悩まされる大企業や政府と異なり，同じ価値観を共有する組織と有機的に結びつき，<u>相乗効果</u>を考えながら，<u>目的を達成するためのネットワーク</u>を実現していく。
④ 労働を収入の手段としてだけでなく，<u>自己実現の手段</u>でもあると考える。
⑤ 事業の所在地の地元住民から，遠く離れた発展途上国の国民までを，利害関係者とみなし，<u>彼らの価値観に根ざした商品やサービスを提供</u>する。株主に対する利益を最優先とし利益を上げて配当する従来的な企業の指導者とは，一線を画している。
⑥ <u>長期的な効果を重要視</u>する。たとえ短期的な利益を犠牲にすることがあっても，長期的な恩恵を選ぶことで，最終的にはステークホルダーの満足が得られると確信している。

これまでの定義にみた，社会性，事業性，革新性に加えて，以上の斎藤の整

理では，起業家主体の行動特性や，外部との関係性に目を向けた，コミュニティ・ビジネス，ソーシャル・ビジネスの担い手の活動の実態をよりとらえているのである。

3-2 「女性」と「起業」の示す意味

　では，本章のテーマでもある「女性社会起業家」とは何だろうか。

　まず，今日の社会的起業とは，これまでの議論をみると，社会性，事業性，革新性を求められ，それらを遂行していく者が「社会起業家」ということである。

　あえて「起業家」の前に「社会」がついているということは，これまでにいわれた一般「起業家」とは異なる「社会」との関わりを視野に入れた，「社会への貢献」を目的として活動するからである。

　さらに「社会活動家」や「社会奉仕家」でなく，あえて「起業家」という言葉を用いているのはなぜか。その意味は，事業としての持続性確保を実現させるために，ビジネスとしての起業や事業経営能力を身につけた人という意味を持つ。前述の町田も，社会起業家には強力なリーダーシップが必要であることをあえて強調する[7]。だからこそ「起業家」なのである。

　加えて，この社会起業家に「女性」がつくと，そこにある特質性をみる必要がある。一般の起業家の場合，日本では女性経営者の存在自体が少数派であるため，その創業や経営のスタイルをあえて性別の違いによる特徴として研究する意義があった[8]。しかし社会起業家の場合にはどうか。『2004年版中小企業白書』に掲載された図表3－1は，代表者の性別を一般企業，コミュニティ・ビジネス，ボランティアの各組織における代表者の男女比率を示したものである。自営業や一般企業経営者と比べると，女性が代表者として活躍する比率は，コミュニティ・ビジネスで相対的に多くなっている。おそらくコミュニティ・ビジネスに何らかの形で関わってきた人ならば，実際に女性がリーダーシップをとる例はそう珍しくはないと実感しているだろう。理由はいくつかある。

　一般企業や個人事業のように，開業に必要な資金や技術・マネジメントスキルの不足によって不確実性の高い起業には踏み切れなくても，コミュニテ

図表3−1　代表者の性別

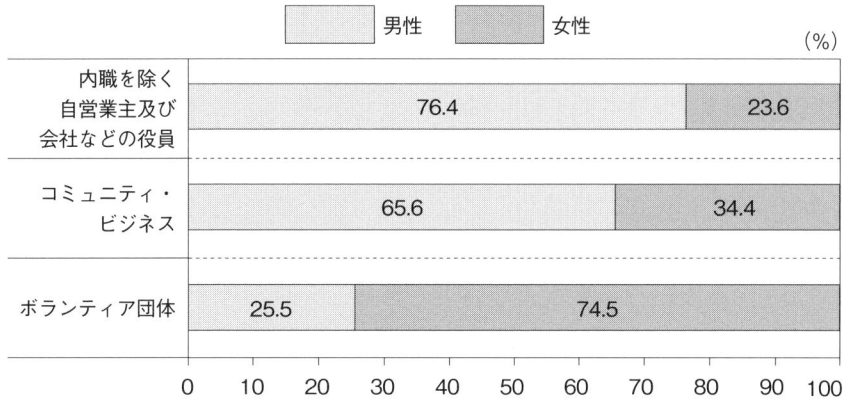

	男性	女性
内職を除く自営業主及び会社などの役員	76.4	23.6
コミュニティ・ビジネス	65.6	34.4
ボランティア団体	25.5	74.5

(単位：%)

出所：㈱日本総合研究所「社会的起業家の実態に関する調査」(2003年12月)，総務省「就業構造基本調査」(2002年)，全国社会福祉協議会「ボランティア活動者実態調査」(2002年)
資料：『中小企業白書』2004年版

ィ・ビジネスの起業は営利追求を目的とせず，市場での競争がほとんどない分だけ新規参入のハードルが低い。

　また，女性のユーザー視点にもとづく事業機会の認識力，コミュニティでのネットワーク力，既存のやり方に固執しない（もしくは知らない）革新性などのような内部要因等があり，コミュニティ・ビジネスの分野は女性が取り組みやすい理由として挙げられよう。

　とりわけ前述の社会起業家の特徴として斎藤が示した人的ネットワーク力，社会的使命感，地域市民の価値観の共有など，仕事よりも地域での生活時間が長い女性や定年退職後のシニアなどのほうがコミュニティ・ビジネスでは優位な点が多い。

　また社会的起業は地域ニーズ主導であるため，競争もほとんどなく参入障壁は低い。それゆえ女性だけではなく，学生，高齢者や障害者など，事業経営の分野では言わばマイノリティである層の新規参入が多いのが特徴である。

　ゆえに女性だからという点と並行して，事業経営の経験やマネジメントスキルの乏しい層の創業・運営の特殊性もみてみる必要があり，その代表的な例として，女性というカテゴリーに焦点を絞ることには研究の意義があろう。

　以上，ソーシャルアントレプレナーの定義について，これまでの先行研究

のレヴューを含めて整理した。社会起業家と一般のビジネスの創業者とは，そのバックグラウンドや事業開始の動機など，様々な面で異なる。その違いがコミュニティ・ビジネスの活動においてどんな影響を及ぼすのかを，女性社会起業家を例に以下でみていきたい。

4 女性ビジネスの特性にみるコミュニティ優位性

4-1　女性ビジネスの一般的特性

　最初に女性の創業・経営する事業の一般的特性を既存のデータや研究をもとにみてみよう。わが国の女性経営企業や女性自営業の大多数は，小売業，サービス業や飲食業などに代表される特定業種に偏り，規模が小さく成長性も低いと分析されてきた。[9] 一方，1986年の男女雇用機会均等法施行後，管理職経験やプロジェクト管理経験を積んできた，高学歴，高キャリアの女性起業家の活動も少なからず確認されており，[10] 成長志向の彼女たちは，新規開業の前に就業経験において得た経験やスキルを獲得していることが多いため，男性経営者と区別して考える必要性はさほど見られなかった。[11]

　ただし，個人事業ならばビジネスの継続は難しくないだろうが，会社組織として経営を持続していくことになると問題がある。例えば，「起業に影響する諸要因に関する調査」[12] によると，開業後に直面した困難の内容について「経営知識の不足」と回答した割合は，男性が30.9％であるのに対し，女性は42.7％と相対的に高くなっている。つまり女性起業家の基本的な経営知識・情報の準備不足が起業後に深刻な影響を及ぼすことがうかがえるのである。

　さらに石坂（2010）は，起業に必要な様々なリソースへのアクセスについては男女に違いがあり，同じリソースに関しても女性のほうがやや不利な状況にあること，さらに注目すべきこととして「管理職経験の乏しさ」といった組織人としてのキャリア形成内容の差を，男性には見られない多くの女性起業家のネガティブな特徴とみている。

　日本ベンチャー学会女性と企業研究部会の研究でも，[13] 90年代後半の女性起業家の開業動機から，事業内容，経歴等について詳細に調査を重ねてきたが，

10年経過後のモニタリング調査では，起業前の就業経験でリーダーシップ形成の機会に乏しいことが，起業後にも影響し，事業の継続性をさまたげてきたことを指摘している。

　管理職経験やリーダーシップの不足，これらは女性の起業活動にどんな影響を与えているのだろうか。

4-2　コミュニティ・ビジネス，ソーシャル・ビジネスの中間領域性

　上述のように，女性，とりわけ既婚女性が創業する場合，自らが生活の中で感じた不便を社会的ニーズとしてとらえ，当然スタッフも，意図せずとも地域住民を雇用するケースが多いがゆえにコミュニティ・ビジネスに分類されることが多い。全国各地に増えてきた子育て支援NPOなどは，その代表例である。

　これらの地域の問題・課題を，「ビジネス」の手法で解決していくのは，特にマネジメントやリーダーシップの経験がない女性には難しい問題である。

　とりわけ社会的企業とよばれるこの分野は，ビジネスと社会貢献とを考えていかねばならない。ソーシャル・ビジネスの特性としてこれまでの研究では，社会性，事業性，革新性やイノベーションを挙げているが，より巨視的に，一般企業と対比してみると「中間領域性」も大きな特徴である。

　例えばDeesら（2001）は，ソーシャル・エンタープライズの領域（spectrum）を，純粋な社会貢献（philanthropy）と，純粋な商業主義（commercial）の両方の領域を兼ね備えたハイブリッド型として捉え，その特徴を図表3－2のように整理した。

図表3-2 社会的企業の領域（The social enterprise spectrum）

	純粋な社会貢献	ハイブリッド	純粋な商業主義
一般的な動機，手法や目的	善意	双方の動機	自己利益
	使命感先行	使命感と市場論理	市場論理先行
	社会的価値	社会的かつ経済的価値	経済的価値

主なステークホルダー	純粋な社会貢献	ハイブリッド	純粋な商業主義
（1）ユーザー	無償	割安価格，または市場価格を払う人と払わない人の混在	市場価格を払う
（2）資金提供者	寄付と助成金	市場価格よりは安い資金調達，または寄付と市場原理に基づいた資金の混在	市場原理に基づいた資金調達
（3）労働者	ボランティア（無償労働）	市場価格よりは安い賃金，またはボランティアと市場原理に基づいた賃金を受け取る人の混在	市場原理に基づいた賃金での労働
（4）資材取引先	無償供与	特別割引，または無償供与と市場価格で買い取るケースの混在	市場価格での調達

出所：Dees & Economy（2001）p.15.

　つまり，社会起業家は非営利でもあるが事業継続のためには営利も考慮しなければならない。また社会貢献をしながらもビジネスライクな側面も持ち合わせ，商業主義的な側面もある。
　ここで示されるように，ステークホルダーとの関係構築のために社会起業家としてのアカウンタビリティを発揮して，社会貢献と商業主義との双方を兼ね備えたバランス性をいかに維持していくかが社会的起業の確立には重要なカギとなる。そこでは決して組織を大きくすることを目的とせず，いかにこのハイブリッドな領域に位置しつつバランスを維持していくかが社会起業家に求められるのである。
　では，この中間領域でのバランスを維持していくにはどうしたらいいのか。

以下では，女性社会起業家の事例をもとに，ステークホルダーとの関係構築に焦点を絞り，検証してみたい。

5 ステイクホルダーへのアカウンタビリティと良好な関係づくり

5-1 ユーザーとの関係
価値ある価格設定にもとづく商品への信頼

最初は一番のステークホルダーであるユーザーとの関係である。

教育や介護・福祉のように，商品やサービスを提供される顧客が地域市民ならば，財やサービスが市場価格よりも安く提供されるほうが支持される。ただし無償であると逆に同じコミュニティに住む市民は受け入れにくい。本来，競争がほとんどない市場ならば，利潤を考慮した適正な価格が付けられるはずであるのに，多くの社会起業家は，利益優先でないがゆえに，価格設定を安くして，結果的に事業が継続できないケースが少なくない。事業を継続していくにはこの価格設定は最も切り離せない大切な問題であるにも関わらず，コミュニティ・ビジネス＝低価格ビジネスのイメージが市民にも社会起業家にも根強い。

工房尾道帆布の例は，価格設定を適正にし，売上を維持しながらも利益を地域経済への貢献という目的に活用している点で，かなり評価の高いコミュニティ・ビジネスである。

> **事例1** NPO法人　工房尾道帆布（広島県尾道市・2003年設立，理事長　木織雅子さん）
> 事業内容：尾道の伝統産品であった帆布を文化・芸術として普及するための事業等。
> http://info.onomichi.or.jp/

代表者の木織さんは，古くから尾道市内で喫茶店を経営しており，地元中小企業家同友会の会員として経営者同士の勉強会に積極的に参加していた。

地域資源である帆布を活かせないかと2002年に友人たちで出し合った資金10万円でスタートさせたのが帆布製のオリジナルバッグ，ブックカバーや小物など，大量生産ではない，帆布の風合いを大切にした商品の製造販売である。2003年にはNPO法人として認可され，翌2004年には店舗を移転，資料室やギャラリーを設けて拡大し，若手作家や学生の創作活動支援，尾道市内での雇用拡大を実現してきた。また家具店や靴店など，周辺商店とのコラボグッズの展開など，周囲への波及効果も高く，現在，年間約2万人の集客がある。

　木織さんは個人事業主の経験があるが，帆布製品の事業化にあたってはあえてNPOという法人形態を選択した。それは多くの賛同者に，帆布をきっかけに，尾道経済の再活性化を考えてもらいたいという，地元愛が根底にあるからだ。それゆえにNPOには若者や商店街関係者以外の多くの賛同者が集まり，木織さんを中心にして展覧会，染料の研究開発，家具店や建具店などの他業種とのコラボレーションなど，常に新しい事業への取り組みや外部の事業者への波及効果が途切れない。これは，もともとの帆布製品の価格設定が，市場価格よりも幾分高めの設定で，「ここにしかない」という商品価値を市場に訴求してきたことが売上高と事業の維持・増進につながったものと思われる。これは木織さん自身がそれまでの事業主としての経験から培った価格決定の能力であるだろう。

　現在でも常に経営のアカウンタビリティを維持し，安定した経営基盤を確保していることで，若者の事業への参画も絶えず，当初行っていなかったインターネット販売にも手を広げて，後継者人材も育っている。

5-2　資金供給者との関係
　　　食育の普及と地域中小企業の課題を結びつける

　コミュニティ・ビジネスの大きな問題は，事業収入の低迷もしくは収益事業自体の不足である。資金供給源としては，NPOならば会費，寄付，協賛金，加えて行政からの補助金なども見込めるが，それらは必ずしも約束されているものではない。

　以下は，企業とのBtoBの良好な関係を築き，NPOの資金供給源として収益事業を確立しているNPOコンシューマー・マーケティング協会である。

第3章　コミュニティビジネスと女性社会起業家

> **事例2**：NPO法人　コンシューマー・マーケティング協会〔CMS〕（広島市・2009年設立，理事長　斎藤久美子さん）[14]
> 事業内容：地域中小企業のブランディング，マーケティングや販路開拓支援事業。消費者組織のグループ化・活動の育成支援。
> http://npo-cms.blogspot.com/

　理事長の斎藤さんは，中小企業団体中央会の職員として中小企業の経営指導や連携活動推進をサポートしてきた経歴を持つ女性である。現在の活動内容は，大きく2つあり，1つは企業との取り組みで，地域企業のブランディング，マーケティングや販路開拓支援事業。もう1つは消費者との取り組みで，消費者組織のグループ化，活動の育成支援である。両者をつなげる「食育提案」は代表的活動である。
　NPOの原点は，コンサルタント業を営む，副理事長澤田氏が，2000年から組織化していた任意組織LOHASクラブの活動である。それが発展し，母親たちが中心となった「ママのアイデア研究会」として定期的に活動をすることとなった。そのきっかけは，中小企業との連携活動である。広島で長年事業を営んできた醤油製造業者と海苔製造業者が，2006年の広島県食育条例の制定に合わせて，食育研究会を発足させ，広島県中小企業団体中央会の支援を受けて朝ごはんをテーマとした食育市場の研究を開始した。2007年に2社は共同で「おいしい朝ごはん研究所」を設立し，このときにアドバイザーであった澤田氏の組織していた「ママのアイデア研究会」との協働研究が始まったのである。その後広島県内の他の食品加工業者も研究会メンバーに加わり，この時期から，毎月10日を「朝ごはんの日」と制定した。朝ごはん商品3種類の試作品と朝ごはんレシピ10種類を制作発表するなど，消費者やバイヤーに向けてのメッセージ発信を行ってきた。この時期には，広島県の支援機関である㈶ひろしま産業振興機構の支援を受け，「ママのアイデア研究会」はNPO団体へと発展していく。まだ一般には「食育」という概念が認知されていない頃であったが，地元中国新聞へのレシピ連載を連動させた効果もあり，消費者だけでなく，スーパーなどのバイヤーにも強い関心が広まっていった。その後2010年には合計8社の食品加工企業とともに，「研究会」は継続的な商

品開発を行っている。またこの8社からは会費収入も得ている。

このNPOが解決したい社会的課題は，食育の普及・推進であるが，これだけで事業を維持していくのは難しい。食品加工中小企業やスーパーにとって，NPO会費を払っていくだけの価値のある販路開拓ブランディング支援といった事業との結びつきではじめてコミュニティ・ビジネスとしての持続可能性が担保されたのである。

そして，理事長の斉藤さんが中小企業の連携コーディネートのプロであったことと，女性の立場で主婦の声をまとめてきたことが，活動にプラスの効果があった。

5-3　スタッフとのネットワークがリーダーシップ・キャリアを補完

一般の創業の場合と比べて，コミュニティ・ビジネスで明らかに違うのが，働く人たちとの関係構築である。一般の創業者は，信用力の乏しさとコストの問題により，当初からスタッフを雇えるケースは少ない。けれどもコミュニティ・ビジネスの場合には，スタッフを近隣で採用し，必要な時に必要なだけ働いてもらうことが可能となるケースが創業当初からある。

NPO法人キーパーソン21の代表理事朝山さんは，学校卒業後の勤務経験がなく，結婚後も専業主婦をしていたが，子供の通う教育現場に課題を見つけた。自らが中心となって立ち上げたのは，各界のエキスパートたちを巻き込んでキャリア教育プログラムを展開する事業である。今でこそ小中学校でもキャリア教育が行われているが，その先陣をきって実践してきたNPOである。朝山さんは当然雇われた経験もないし，ましてやマネジメントの経験もない。朝山さん自身に社会人経験がなかったからこそ，かえって地域での新たな取り組みをまとめていくにあたって，同じ問題意識を持つ地元の人たちからの多くの協力を得られたといえる。

> **事例3** NPO法人 キーパーソン21 (神奈川県川崎市・2000年設立,代表理事 朝山あつこさん)
> 事業内容:キャリア教育プログラムの開発,ファシリテーター養成,学校等におけるキャリア教育プログラムの実施(会員による実施,企業連携による実施),パートナーシップ提携による全国各地への普及,講演・執筆,キャリア教育などに関する調査・研究等。
> http://www.keyperson21.org/

　女性の起業活動においては,特にこの人的なネットワーク力が男性に比べて優位なことは既存の調査でも知られている。高橋(2008)は,2006年のGEM調査データ[15]において,起業活動指数(TEA)と起業家の認知度との相関係数が男性は0.392であるのに対し,女性は0.552と大きく上回っていることから,女性の起業活動におけるネットワークの相対的重要性を指摘している。つまり,女性の方が起業活動をしていることをうまく周知できており,それはネットワーク上の情報伝播が男性よりもいく分だけ活発であるということを示していると理解できる。朝山さんの場合,すでにこの事業を開始して10年以上が経過するが,勤務経験が無くても,地域コミュニティネットワークを基盤にして着実に事業の幅を広げてきている。

5-4　サプライヤーとの関係
　　　　地域内連携で目に見える価値の提供

　牛来(ごらい)さんは,SOHO(スモールオフィス・ホームオフィス)いわゆる小規模事業者のシェアリング・オフィスを運営してきた。2009年に,スペースを拡大移転し,広く出資者も集めてスタートさせたビジネスは,地域資源を活かした,企業連携による「ものづくりプロジェクト」である。コミュニティ・ビジネスの枠を超えて,ステイクホルダーに大きなメリットをもたらす事業に発展している。

> **事例4** 株式会社ソアラサービス （広島市・2002年設立［設立時は（有）SOHO総研］，ソアラサービスは2009年より）
> 事業内容：企業・個人事業者向け事務所の企画・賃貸・運営管理業務，地域の企業とクリエーター集団の連携による「成功報酬型ものづくりプロジェクト」の推進。
> http://www.soa-r.net

　代表取締役の牛来さんが中心となってすすめているのは，広島地域のものづくり企業とクリエーター集団をつなぐ，「成功報酬型ものづくりプロジェクト」である。例えば広島名物のもみじまんじゅうや，特産品のぶどうの新しい売り方を，地元のクリエーターの連携組織が企業に提案して商品化していく。これは，企業に対しては先行投資を抑えたクリエイティブなものづくりを，クリエーターに対しては商品の販売によって収入が得られるサービスを提供するシステムである。デザインや販売促進企画を手掛けるクリエーターは個人事業者であり，大手企業と直接取引する機会に恵まれていなかった。しかし，牛来さんが仲介することにより，個人事業者の信用力が補完されビジネスチャンスが拡大している。さらに地場の商材を発掘・活用することで，地域経済の活性化にも貢献している。ちなみに，これらの事業は，サービス産業生産性協議会が認定した「ハイサービス日本300選」[16]に選ばれている。これまでに手掛けたものは，広島名物の「もみじまんじゅう」をもとにした「黒もみじ」，「赤もみじ」という新商品開発である。黒は広島県産の竹炭パウダーを，赤は地元の無農薬トウガラシパウダーを練りこんだものである。他にも，ほしぶどうチョコ，広島菜キムチなどが続々と誕生している。

　すでに牛来さんのビジネスは，コミュニティ・ビジネスの枠を超えているが，そもそも創業当初は，個人で事業を営むSOHO事業者の不便を解消するため

の共同オフィスの運営から始まった同社であるだけに，今日，外部大手企業からの出資を得るまでに発展しているのは，コミュニティ・ビジネスの進化の形として注目しておきたい。重要であるのは，牛来さんが，単なる地域コミュニティだけではなく，どんな市場にどんな売り方をするのか，個人事業者活用のメリットがどれだけあるのかをサプライヤー＝ものづくり企業に対して明確に示してきたことである。そして，SOHO事業者にビジネスの機会を広げることで，即戦力となる若手クリエーターを自立した事業者として育て「ビジネスコミュニティ」を地域に形成しているのである。

6 おわりに　多様な社会起業家の活躍するコミュニティづくりにむけて

　本章では，コミュニティ・ビジネスの担い手である女性の社会起業家，もしくは創業当初は小規模なコミュニティ・ビジネスからスタートして現在は企業経営者として活躍する女性の事例を検証し，ステイクホルダーとの関係に着目してみた。
　紹介した女性社会起業家たちは，社会性・公共性の高いミッションを遂行し，程度の違いはあれどもアントレプレナーシップを果敢に発揮し，コミュニティ・ビジネスを安定的な軌道に乗せている。
　コミュニティ・ビジネスは，参入ハードルの低さ，リソース調達のしやすさ，競争条件の緩やかさなど通常の起業と比べると取り組みのしやすさがある。しかしながら，事例で紹介した女性たちのコミュニティ・ビジネスは，社会的起業だからという線引きや甘えはまったくなく，ステイクホルダーへの説明責任を果たし，良好な関係を維持しながらも，組織運営を継続させていくために常に新しい事業への取り組みを継続して行い，情報発信に努めている。重要なのは，そうした社会起業家としての活動を斯業経験からよりも，むしろ起業してからのステイクホルダーとのコミュニケーションや対話の中で気づき，学んできたことでもある。それが社会起業家としての成長に向けてのティッピング・ポイントなのであろう。
　今後のコミュニティ・ビジネスの発展に向けての結論をいえば，1つは，

社会貢献とビジネス視点のハイブリッドな立場で，多様なステイクホルダーと，双方にメリットのある関係づくりをしていくことが大事であり，それが，起業家自身の経験やスキルの不足を補完し，人的ネットワークを強化することにもつながる。ステイクホルダーにメリットがない関係構築では，連携やコラボレーションはうまくいかない。

　2つ目は，今後コミュニティ・ビジネスの担い手は，女性ばかりではなく，学生を含む若者，引退後のシニアなど，担い手の世代も属性もますます多様になると予想される。担い手とステイクホルダーとの顔が見える距離感での関係づくりとともに，ビジネスのアカウンタビリティを高めるためには，事業実績の数値化，「見える化」など，コミュニティ・ビジネスに関わる多様なステイクホルダーが共通理解できる情報を共有化していくことが重要となろう。また，そうした実践が，社会起業家のトレーニングの機会ともなるであろう。

[注記]
1）コミュニティ・ビジネスおよびソーシャル・ビジネスという呼称については，想定する活動のタイプやイメージに認識の差がみられるが，ここではコミュニティ・ビジネスについては，活動領域や解決すべき社会的課題について一定の地理的範囲が存在し，ソーシャル・ビジネスについては，こうした制約が存在しないという定義とする。
2）「起業家」について，「企業家」と示される場合もあるが，ここでは，企業という組織形態に限らず，NPO，企業組合，任意団体など，社会的企業といわれる団体が様々な組織形態をとっている現状に鑑みて，あえて「起業家」と表記している。文献からの引用などにはそのまま「企業家」と表記する場合もある。
3）現在この制度は，「女性，若者／シニア起業家資金」として，「女性または30歳未満か55歳以上の方であって，新たに事業を始める方または事業開始後概ね5年以内の方」を対象としている。
4）詳しくは川名（2002）を参照されたい。
5）「コミュニティ・ビジネス」の定義は組織形態や事業分野が多岐にわたるために定かではないが，2004年版『中小企業白書』によれば，主な共通点として，①地域住民が主体である，②利益の最大化を目的としない，③コミュニティの抱える課題や住民のニーズに応えるため財・サービスを提供する，④地域住民の働く場所を提供する，⑤継続的な事業または事業体である，⑥行政から人的，資金的に独立した存在である，等を挙げている。
6）町田（2000）p.18。
7）町田（2000）は，1999年秋にロンドンのシンクタンク《デモス》の公表した報告書から引用して，社会起業家にとっての4つの課題を挙げている。①アカウンタビリティ，②スキル，

③連続性・継続性，④規模である。
8）帝国データバンクが毎年行う調査では，女性経営者数は1988年の調査開始以来，漸増傾向を示し，当初の4.4％から2000年には5.56％へとその比率は伸びてきたが，2000年以降は横ばいといっていい状態で，2009年では5.78％となっており，実数でも，2000年に比べて，約3,700人増加しているにとどまる。
9）田村（1995），国民生活金融公庫総合研究所（2003）などを参照のこと。
10）鹿住（2006）。
11）ただし，近年の女性創業者には若干の変化が見え始めている。「女性と仕事の未来館」が2009年に行った『女性の起業に関する調査』によると，次の特徴が指摘されている。
　① 女性における企業家志向，企業家への準備活動をしている人の割合が大学・大学院卒以上が6割を超えており，起業をした人の中でも，過半数となっている。
　② すでに起業した人では，対事業所サービスが増加している。
　③ すでに起業した人は事業分野での就業経験年数が多い傾向にある。
　また，すでに起業した人の起業動機では，「自分の裁量で仕事をする」が増加しており，次いで「技術・資格・知識の活用」を挙げている。2002年度の調査では「好きな分野，興味のある分野で仕事をしたい」という理由が最も多かったが，変化している。これはこの数年の景気低迷と雇用情勢の悪化傾向の影響で，独立開業を単なる自己実現ではなく，生活していくための手段として現実的に捉えている女性の増加を反映していると思われる。
12）経済産業省大臣官房政策企画室（2004）のこの調査は，日本商工会議所主催の「創業塾」受講者を対象としたものである。
13）2010年11月日本ベンチャー学会全国大会研究部会報告による。
14）2011年1月現在では，前副理事長であった男性が理事長に就任している。
15）GEM：Global Entrepreneurship Monitorとは，1997年に，米国バブソン大学と英国ロンドン大学の起業研究者たちが中心になって組織されたもので，各国が，正確な起業活動の実態を把握できないなかで，その国際比較を行い，起業活動の国家経済に及ぼす影響を調査しようとするプロジェクトである。第1回調査は1999年からで定期的に行われている。
16）http://www.service-js.jp/cms/page0600.php（2010年3月アクセス）

[参考文献]

Dees, J. Gregory & Economy, Peter（2001）*Social Entrepreneurship : Enterprising Nonprofits : A Toolkit for Social Entrepreneurs*, Wiley e-book.

石坂健（2010）「女性の起業プロセスで形成されるネットワーク構造の違い－斯業経験との仲介者の視点から－」『武蔵大学論集』第57巻第3・4号。

鹿住倫世（2006）「女性企業家の企業家活動における職業経験の影響－新人類女性企業家はどのようにして生まれるか？－」"The effects of work experience on the entrepreneurial activities of female entrepreneurs -How the new generation of female entrepreneurs will be born?-"『Japan Ventures Review No.8』日本ベンチャー学会誌, September 2006.

金子郁容（2005）「ソーシャルアントレプレナーとはなにか」，渡邊奈々『チェンジメーカー

社会起業家が世の中を変える』日経BP社。
川名和美（2002）「『非キャリア型創業』の現状と支援課題－主婦，学生による創業と支援の実態を中心に－」国民生活金融公庫総合研究所『新規開業白書』2002年版，pp.97-132。
国民生活金融公庫総合研究所（2003）『日本の女性経営者』中小企業リサーチセンター。
田村真理子（1995）『女性起業家たち』日本経済新聞社。
高橋徳行（2005）「自己雇用という働き方の現状と可能性－暗い「今」と明るい「兆し」」『日本労働研究雑誌』No.538。
高橋徳行（2007）「わが国の起業活動の特徴－グローバル・アントレプレナーシップ・モニター調査より－」『国民生活金融公庫　調査季報』第83号。
町田洋次（2000）『社会起業家－「よい社会」をつくる人たち』PHP新書。

第4章
ソーシャル・ビジネスによる地域資源の循環形成
－ソーシャル・プロダクトの価値連鎖－

1 はじめに

　本稿の目的は，ソーシャル・ビジネスがティッピング・ポイントを超えて成長していくための仕組みとして「地域資源の循環形成－社会的理由にもとづくソーシャル・プロダクトの価値連鎖（商取引の連鎖）－」について論じていくことにある[1]。なかでも本稿では，政府と市場と，ボランティアなどの互助的活動を活用した「混合型経済セクター[2]」におけるソーシャル・ビジネスを取り上げ，関連する他の組織との連携による効果的・効率的な問題解決のあり方について考察していく。本稿でいう社会的理由（social cause）[3]とは，健康や福祉，教育，貧困，経済格差といった社会・経済的な課題に取り組む上での理念的な根拠や行動指針となる大義・主義・主張をいう。ソーシャル・プロダクト（social product）[4]とは，人々の意識と行動に変化を促すためのアイデアや習慣，有形物やサービスを意味する。これは，利潤動機を最優先する商品とは異なり，社会・経済的課題の解決をミッション（社会的使命）とする商品として市場に提供される。

　現在の日本では，市場経済の進展による「豊かさ」がもたらされている反面，環境汚染や地域コミュニティの活力低下，社会的弱者の生活支援など，様々な社会・経済的課題－豊かな社会の矛盾や不均衡－が生じている。こうした問題は，市場の失敗や政府の失敗によって生じる問題（外部不経済）として認識され，一般企業や様々な公共・非営利セクターが問題解決に取り組んできた。そうしたなか，政府か市場かという二者択一的な発想を超え，社会・経済的な課題の解決をミッションとして掲げる営利・非営利の事業体－社会的企業（social enterprise)⁵⁾ - が台頭しつつある。社会的企業とは，社会性・事業性・革新性をもち，事業そのものが社会・経済的課題を扱うビジネス・スタイルの事業体を指す。コミュニティ・ビジネス⁶⁾やフェア・トレード⁷⁾などはその典型で，こうした事業活動をとおして人々の意識と行動に変化を促し，社会・経済的課題の解決をとおして社会変革を図ることが試みられている。それは，取引当事者の欲求充足（収益性や満足）を最優先とする既存の商品（商取引）のあり方に対して，「社会的理由」にもとづく「オルタナティヴな商品（商取引）のあり方」を社会的企業が提示するという構図である。

こうした現状を踏まえ，本稿では社会・経済的課題を解決する各セクターを整理し，混合型経済セクターの特徴を明示していく。次に，社会変革的ツールとしてのソーシャル・プロダクトの概念を取り上げ，その意義と役割について論じていく。そして，社会・経済的課題の解決に資する地域資源の循環形成－ソーシャル・プロダクトの価値連鎖－について，環境NPO（Non-Profit Organization：非営利組織）の活動をとおして論じていく。ソーシャル・プロダクトの価値連鎖は，社会・経済的課題に関わる様々なステイクホルダー（利害関係者）間での再配分と市場と互酬の交換関係にもとづいている。その交換関係を円滑に展開していくことで地域資源の再配分機能は高まり，ステイクホルダー間の関係強化と事業の相乗効果をもたらすことができる。それによって，ソーシャル・ビジネスはティッピング・ポイントを超えることができ，より効果的・効率的な問題解決を図ることができる。

2 社会・経済的課題に関わる混合型経済セクター

社会・経済的課題に対しては，以下の3つのレベルで様々な取り組みがなされている。

（1）公共・非営利セクターによる課題解決…これは，政府による公共政策やキャンペーン，市民ボランティアによる互助的な慈善活動によって問題解決が図られるケースをさす。政府による省エネ・キャンペーン，教会や市民ボランティアによる路上生活者（ホームレス）の生活支援などがこれに該当す

る。公共・非営利セクターで提供される物品やサービスは，その公共性や非営利性から商品（市場における交換対象）として有償で取引されることはないため，本稿では研究対象として議論しない。

（2）営利セクター（市場経済）による課題解決…一般企業は商品開発や改良を行ったり，取引方法や商品の使用法を制度化（ルール化）したりすることで，市場取引をとおした社会・経済的課題の解決を図っている。ユニバーサル・デザインやバリアフリー，環境対応型の商品，携帯電話の使用法（マナー）の周知などがこの領域に属する。

（3）混合型経済セクターによる課題解決…これは，政府か市場かという二者択一的な発想ではなく，多様な経済活動を混合（ハイブリッド化）した形で問題解決を図ろうとするタイプである。社会的企業の1つである事業型NPOは，一般企業や政府からの助成金や補助金と，市民ボランティアの支援をもとに商品を生産・販売することで，収益を獲得するとともに社会的な共通益を創出している。地域の主婦層が中心となって高齢者や障害者のための配食サービスを行ったり，コミュニティ・カフェ（食をとおした地域交流の拠点）を運営したりする生活支援型の食事サービス事業や，障害者を雇用して洋菓子店や飲食店を運営し，その収益で彼らが自活できるような仕組みを構築している障害者の自立支援事業を手がける事業型のNPOがこれに該当する[8]。

このように，社会・経済的課題の解決をミッションとして市場に提供される商品（サービス）には，営利セクターで取引されるものと，混合型の経済セクターで取引されるものとがある。ユニバーサル・デザインやエコグッズといった営利セクターの商品については，経営学やマーケティング論，商品研究などの分野で様々な議論がなされてきている。しかし，社会的企業が提供する商品や，混合型経済セクターにおける商品（商取引）については，既存の経済社会に様々な影響がおよびつつあるなか，まだ十分な議論が蓄積されていない。こうした点も踏まえて，次節では社会的理由にもとづいて取引される商品，すなわちソーシャル・プロダクトの概念とその交換関係について論じていく。

3 社会・経済的課題とソーシャル・プロダクト

3-1 ソーシャル・プロダクトの概念

　社会的企業が社会・経済的課題を解決していくためには，商取引をとおして社会的理由を共有し，個人と集団の生活をより好ましい方向へ導き，社会全体の態度や価値を変革していく必要がある。そこでは，強制的ではない，交換と説得による計画的・自発的・非暴力的な形で社会変革を推し進めていくための社会的ツール（技法と体系）が重要な機能を果たす。そこで以下では，社会変革的ツールとしてのソーシャル・プロダクトの概念について検討し，社会的受容性を高め，特定商品の消費行動（使用法や消費の仕方）によって社会・経済的課題の解決がより効果的・効率的に進むよう人々の行動に変化を促すアプローチについて論じていく。

　ソーシャル・プロダクトとは，Philip Kotler と Eduardo L. Roberto が提示した概念で，人々の意識と行動に変化を促すためのアイデアや行動，有形物やサービスを意味する。[9]彼らが示した概念は，WHOやユニセフといった公共・非営利セクターによる社会的プロモーションまで含む広範な概念となっているため，狭義に定義した「商品（市場における取引対象）としてのソーシャル・プロダクト」の要素は以下のようになる。

（1）社会的アイデア（idea）…「社会的弱者の支援や環境保全は社会の重要課題である」といった信念（belief）や態度（attitude），価値観（value）。
（2）社会的習慣や行動（practice）…コミュニティ・カフェの利用やフェア・トレード商品の購入といった，公益のために人々が行う単一の行動（act）もしくは習慣的な行動パターン（behavior）。
（3）モノとサービス…これは，コミュニティ・カフェの料理やサービス，フェア・トレード商品など，社会的習慣を達成するためのツールをさす。

　社会的アイデアは中核的要素，社会的習慣や行動は行動的要素，モノやサービスは手段的要素としてソーシャル・プロダクトを構成する。

　ソーシャル・プロダクトの生産主体は，社会・経済的な課題の解決をミッションとして掲げる社会的企業であり，慈善活動ではなく事業（ビジネス）として社会・経済的課題の解決を図ろうとする営利・非営利の組織をさす。営利

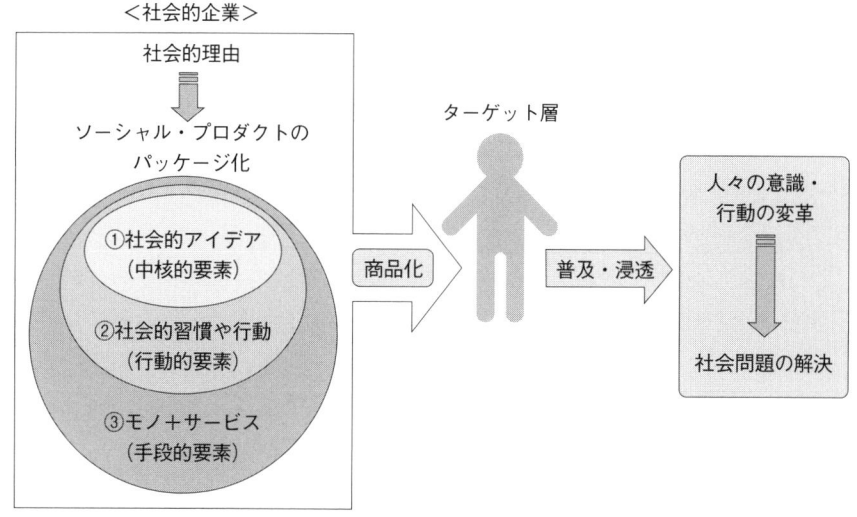

図表4-1　ソーシャル・プロダクトの概念と社会変革の構図

出所：神原理「社会的理由にもとづく商品（商取引）の研究アプローチ－社会・経済的課題に関わるソーシャル・プロダクト－」『商品研究』55-1・2（日本商品学会），2007年，31-42頁。

組織としては，社会志向型の企業（socially-oriented company, mission-based company）と，一般企業による社会的事業（socially responsible business），非営利組織としては，事業型のNPO法人（特定非営利活動法人）や社会福祉法人，中間法人や協同組合などが含まれる。社会的企業は，ソーシャル・プロダクトの生産・販売活動をとおして社会的なメッセージを訴求し，消費者からの理解や支持を得ることで問題解決を図り，収益を再投資していくことで社会変革を促していく。ソーシャル・プロダクトの概念と，商取引を経て問題解決から社会変革へといたる関係を表すと図表4-1のようになる。

3-2　ソーシャル・プロダクトのアウトプット特性

ソーシャル・プロダクトは社会に対してどのようなアウトプットをもたらすのか，一般的な商品との違いを踏まえながら整理すると，狭義のソーシャル・プロダクトの特性は以下の4点に集約される。ただし，これらは混合型経済セクターにおけるソーシャル・プロダクトに典型的な特性であり，営利セクター

におけるそれとは部分的に異なることを指摘しておく。

（1）社会的なコンセプト…ソーシャル・プロダクトのコンセプトには，社会的なメッセージ性－既存の経済社会に対するアンチテーゼやオルタナティヴ－を提示する役割があり，そのアイデンティティなり存在理由を訴求することで世間の理解と支持を得ることができる[10]。それが，一般の商品コンセプトが利便性や快適性といった消費者の主観的な満足の充足を第1に訴求している点との違いである。

（2）共益や公益への貢献…ソーシャル・プロダクトは，収益よりも社会・経済的課題の解決に資することが第一義的であり，長期的視点から社会全体の満足（共益や公益）を考慮して提供される。そのため，社会的に意義のある事業であれば，社会的企業は時として収益の上がりにくい領域にも積極的に関与する。社会的弱者やマイノリティの自立と共生を目指していくことは，結果的には政府の負担を軽減することになり，社会的なコストを軽減するという共通益をもたらす。

（3）政府や市場の補填…ソーシャル・プロダクトは，政府や市場では解決できない社会・経済的課題（市民ニーズ）に対応する役割がある。特に事業型NPOでは，自律性・民主性，協同性・連帯性，共生，相互扶助といった価値にもとづいて課題の解決を図ろうとしている。

（4）互酬性…ソーシャル・プロダクトは，ボランティアや寄付といった「互酬の諸規範と市民参画のネットワークによる社会関係資本（social capital）[11]」に依拠しているものが多い。互酬とは，複数の主体間における規範化・制度化された長期にわたる資源の相互移転とその連鎖をいう。具体的には，贈与や寄付，ボランティアなど，地域の人間関係にもとづいて金品やサービスを提供し合う交換関係を意味する。そこでは，提供者と受給者の区別がなく，与えると同時に受け取る，もしくは互いが順々に提供者と受給者になるという「相互的サービス（サービスの相互交換関係）[12]」が生じる。これは，契約にもとづいて取引関係を提携・決済する市場取引や，政府による再配分とは異なる財の交換関係である。企業の場合，雇用関係（労働契約）にもとづいて商品やサービスの提供者（生産・販売者）が固定され，彼らのアウトプットは顧客（他者）が受け取る。しかし，ソーシャル・プロダクトの生産や交換におけるボランティアはサービスの提供者でありながら，そのアウトプッ

トの受給者にもなる。他方，受給者が次回以降のボランティアとして提供者になることもでき，ボランティアの輪が広がることで支援の連鎖が生じる。
（5）協同性にもとづく資源の分配機能…ソーシャル・プロダクトの多くは，社会性・公共性をもつことから，政府や企業による助成金や補助金（再配分）と，会員らによる寄付やボランティア（互酬）にもとづいて生産され，市場をとおして対価と交換される（利潤の獲得）。つまりソーシャル・プロダクトは，再配分（redistribution），互酬（reciprocity），市場（market）の3つの交換関係に依拠しながら多様な社会・経済活動を混合（ハイブリッド化）させることで主体間の協同性を高め，社会的な共通益を創出すると同時に経済社会全体における資源の分配機能を果たしている[13]。

3-3 混合型経済セクターにおけるソーシャル・プロダクトの交換関係

営利組織が市場交換に依存しているのに対して，混合型経済セクターにおけるソーシャル・プロダクトは，再配分，市場，互酬の3つの交換関係に依存している。社会的企業は，事業活動の社会性・公共性によって，政府による再配分（補助金や助成金）を受けており，さらに互酬にもとづく市民参画の地域ネットワークに依拠することで多様な経営資源（寄付やボランティア）を動員している。こうした資源をもとに収益活動を行うことで，社会的企業は市場から利潤を獲得することができる。

混合型経済セクターにおけるソーシャル・プロダクトの場合，消費者（支持者や会員）との交換関係も営利組織とは異なる。市場における交換関係では，営利組織は顧客志向にもとづいて，商品の質と価格をめぐる取引関係の形成を追求する。基本的に顧客は受動的で，商品の提供プロセスに主体的に関与する機会は少ない。これに対して社会的企業では，メンバーやコミュニティの問題解決に向けて，連帯と信頼関係にもとづく主体的な参画と関与が商品の生産から販売にいたるすべてのプロセスにおいてみられる。また，社会的企業は取引をとおして相互的サービスの関係を地域社会に築いていく。それは，契約にもとづいて取引関係を提携・決済する市場取引や，政府による財の再配分とは異なる関係性であり，社会的企業が依拠する交換関係の特殊性でもある。

ソーシャル・プロダクトには，互酬性（互恵的な相互扶助の関係）や協同性

図表4-2 ソーシャル・プロダクトの交換関係

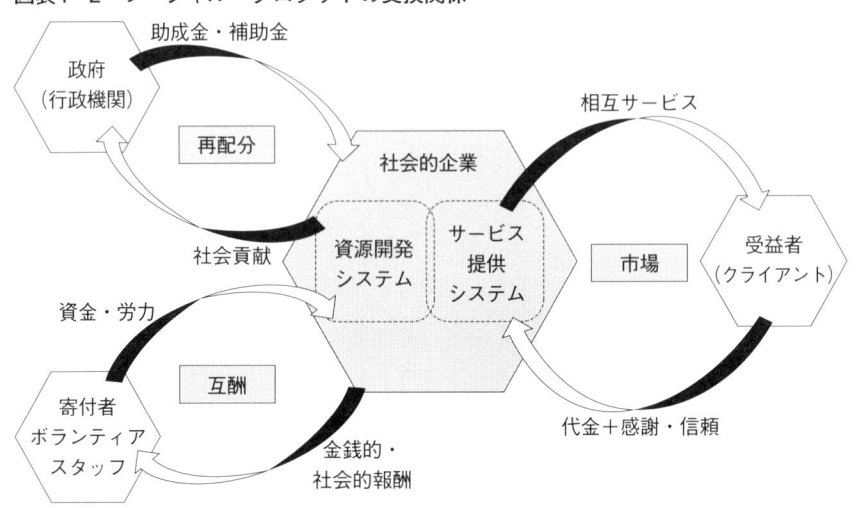

出所：David E. Mason, (1984), *Voluntary Nonprofit Enterprise Management*, Plenum Press, より加筆修正。

を高めながら，社会的な目的と経済的な目的とを達成（両立）していく役割がある。人々は，自らの能力を生かして社会・経済的課題に取り組むことや，相互的サービスの交換によって互酬関係（支え合う関係）が築かれることに金銭的な報酬よりも人間的な価値やインセンティブを感じることがあり，ソーシャル・プロダクトはそうした思いを実現する商品でもある。混合型経済セクターにおけるソーシャル・プロダクトの交換関係を示すと図表4-2のようになる。

4 混合型経済セクターにおける資源の循環形成

　混合型経済セクターでは，再配分と市場，互酬の交換関係にもとづいて地域の様々な資源を活用しているケースが一般的だが，さらにそこから資源の循環を形成していくことで事業を拡大・成長させているケースがある。ここでいう資源の循環とは，ソーシャル・プロダクトの生産（加工）から販売／購入，さらにその再生産（再利用や再加工）と再販売による価値連鎖のプロセスを意味する。この価値連鎖（資源の循環）が地域社会に築かれることで，地域の多様な主体が課題により深く関与できるとともに，ソーシャル・プロダクトの価値創造と連鎖に関わりながら主体間の相互依存や相乗効果をもたらすことができる。結果，開業当初は小規模であったソーシャル・ビジネスもティッピング・ポイントを超えて成長することができ，より効果的・効率的な社会・経済的課題の解決を図ることができるようになる。以下では，こうした取り組みを実践している環境NPOの事例を取り上げ，地域資源の循環形成のあり方について論じていく。

4-1　環境NPOによる地域資源の活用

　NPO法人アサザ基金[14]（茨城県牛久市）は，霞ヶ浦と北浦流域のネットワーク組織である「霞ヶ浦・北浦をよくする市民連絡会議（1981年設立）」が手がける事業部門の1つとして1999年に設立された。現在，14の団体と50名の個人会員によって運営されている。前身となるアサザ基金では，「100年後にトキが舞う霞ヶ浦・北浦」を目標に据えた「アサザプロジェクト」を1995年に立ち上げ，湖と流域の環境保全活動，およびそれらをとおした地域活性化活動に取り組んでおり，現在までに約10万人がこのプロジェクトに関わってきた。彼らは自らの活動を「市民型公共事業」と称し，これらの事業活動をとおして市民による地域の自然と文化と産業の再生，および子供たちの夢を育てる地域環境のネットワークづくりを行っている。おもな活動内容は以下の4つである。
① 学校教育をとおした湖の再生事業…湖周辺にある170の小学校と連携し，ビオトープを利用した水生植物（アサザなど）の保護育成による湖の再生事

業を国土交通省の委託事業として行う。また，民間企業の助成金を得て，流域の小中学校への環境教育事業（出前授業など）を行う。
② 　地域循環型の社会構築事業…流域の漁業（漁協）と連携して外来魚を駆除し，それを魚粉へと加工する。加工された魚粉は，農協との連携で肥料や飼料として地域の農家に活用してもらい，有機野菜などを育ててもらう。収穫した野菜は地域の食品スーパーで「湖が喜ぶ野菜」として販売することで，環境保全に努める地域の事業者に対する地域住民の理解と支持が得られるようにする。
③ 　水源地の保全事業…地域住民を中心とするボランティアと民間企業の支援によって湖周辺や流域の里山を保全するとともに，休耕田で酒米を育て，地域の酒造メーカーとの連携で地酒を製造・販売する。また，国土交通省の助成と周辺の林業（森林組合）との連携によって，里山から伐採された間伐材を組み上げて湖の浅瀬に消波堤（粗朶消波堤）を設け，湖岸の保全と小魚や小動物の生育環境の保全を行う。また，IT関連企業との連携によって湖と流域の水位観測システムを構築し，流域の環境保全や安全管理に努める。また，民間企業の社員のボランティアによる里山や水源の保全などの活動支援を得る。
④ 　環境学習と連携したまちづくり事業…周辺自治体や教育機関との協同事業や委託事業として，環境や歴史，文化などの総合的な教育活動を展開する。

写真3－1　消波堤　　　　　　　　写真3－2　湖が喜ぶ野菜

アサザ基金は，関係する地域の多様な主体間の連携によって様々な地域資源を活用し，それらを商品化することで事業として運営し，持続的な環境保全活動が実現できる仕組みをつくり上げている。アサザを取りまく関係主体としては，水生植物の保護育成を手がける小学生，湖や里山の環境保全に取り組むボランティアと民間企業，外来魚の駆除を行う漁業者，魚粉で有機栽培を行う農業者と，それを販売する地域の食品スーパー，間伐材を消波堤に活用する林業者とそれを補助する国土交通省，里山で穫れた米で地酒を造る酒造メーカー，里山の気温センサーや流域管理の技術を提供するIT関連企業などが挙げられる。

　これらの主体は，人的資源や知的資源として地域資源の一部を構成している。流域の小学校をとおした水生植物の育成と湖の再生事業は，広大な湖と流域を包括的に保全する上では大きな役割を担っている。また，小学生による環境保全活動は，彼ら自身が地域の環境や生活文化を保全・継承していくとともに，地域社会に一定の影響力をもたらす役割を果たしている。地域の農林水産業者や民間企業が有する専門的な知識や経験，IT関連の技術は，湖や農地，里山といった自然の資源を管理し活用していくための高度な知見やノウハウを提供している。また，行政や民間企業は，助成事業や委託事業をとおして地域の社会・経済的な関係の再構築を支援する役割を果たしている。このように，地域の様々なステイクホルダーは，湖を中心とする周辺流域の環境保全活動に関わりながら地域社会のネットワーク（連携や協同，互酬関係）を深めている。アサザをとりまく関係主体を整理し，地域資源の活用方法（役割やツール）をまとめると図表4－3のようになる。

図表4-3 アサザプロジェクトにおける関係主体と役割

関係主体	役割（活動内容）	資源とツール（場や手段）
小学生 （小学校）	水生植物の育成をとおした湖の再生活動	学校教育，ビオトープ，水生植物，湖
ボランティア	湖と里山における環境保全活動	湖や里山，市民の自発的な行動力
漁業者 （漁協）	外来魚の駆除による湖の生態系保全	湖，外来魚，漁船や機材，漁獲経験と技術
農業者 （農協）	魚粉による有機農法をとおした環境保全	農地，農機具，有機野菜，農業経験と技術
林業者 （森林組合）	間伐材による消波堤づくりで湖の環境を保全	里山，機材，間伐材，林業経験と技術
食品スーパー	有機野菜の販売をとおした環境意識の訴求	有機野菜，湖周辺の店舗網と販売サービス
酒造メーカー	地酒の製造をとおした環境意識の訴求	里山，酒米，酒造設備，酒造経験と技術
IT関連企業	流域管理システムによる湖の環境保全	湖流域，IT技術，社員のサポート
行政や 民間企業	湖と流域における環境保全事業の支援	湖，里山，助成事業・委託事業

4-2　地域資源の循環形成とティッピング・ポイント

　アサザプロジェクトの事業内容は，環境NPOによる地域資源の循環－ソーシャル・プロダクトの価値連鎖－という視点から分析すると，以下の示唆が得られる。

　アサザプロジェクトに関係する事業体は，霞ヶ浦と北浦流域，および周辺の里山の環境保全という社会的理由にもとづいて自然の資源を経済的な資源としてのソーシャル・プロダクトへと商品化し，さらにそれらを再商品化（再加工・再生産）することで資源を循環させている。漁業者は外来魚を捕獲し，魚粉の肥料として商品化（加工）して農家に販売する。農家はそれを活用して有機農業を展開し，生産した有機農産物を地域の業者や食品スーパーに販売する。食品スーパーは環境志向の高い商品として消費者に販売することで環境保全意識を訴求し，収益とともに社会的支持を得ている。他方，地域住民を中心とする

第4章 ソーシャル・ビジネスによる地域資源の循環形成

図表4-4 ソーシャル・プロダクトの価値連鎖

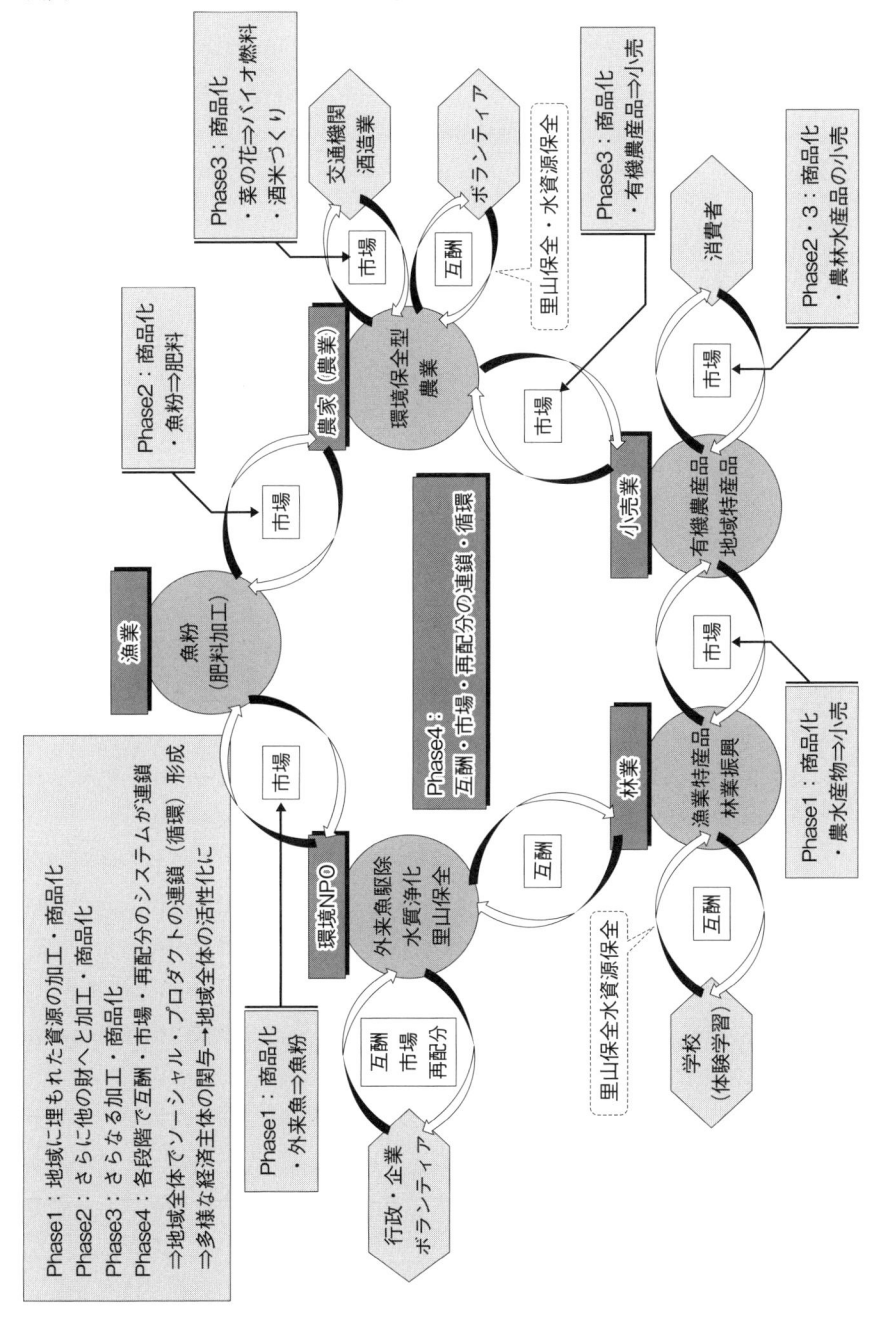

Phase3：商品化
・菜の花⇒バイオ燃料
・酒米づくり

Phase3：商品化
・有機農産品の小売

Phase2：商品化
・魚粉⇒肥料

Phase2・3：商品化
・農水産品の小売

交通機関
酒造業

ボランティア

里山保全・水資源保全

消費者

市場

市場

農家（農業）

環境保全型農業

市場

小売業

有機農産品
地域特産品

市場

漁業

魚粉
（肥料加工）

Phase4：
互酬・市場・再配分の連鎖・循環

林業

漁業特産品
林業振興

市場

Phase1：商品化
・農水産物の小売

市場

環境NPO

外来魚駆除
水質浄化
里山保全

互酬

学校
（体験学習）

里山保全水資源保全

Phase1：商品化
・外来魚⇒魚粉

互酬
市場
再配分

行政・企業
ボランティア

Phase1：地域に埋もれた資源の加工・商品化
Phase2：さらに他の財へと加工・商品化
Phase3：さらなる加工・商品化
Phase4：各段階で互酬・市場・再配分のシステムが連鎖
⇒地域全体でソーシャル・プロダクトの連鎖（循環）形成
⇒多様な経済主体の関与→地域全体の活性化に

ボランティアによって里山の保全が進むことで,林業者は間伐材を活用した消波堤の製造によって林業の復興をとげることができ,里山で収穫される酒米は地元の酒造メーカーによって地酒として製造・販売される。湖の水質浄化によって漁業者はより安定的に水産資源を獲得することができる。このように,様々な事業が相互に関連し合い,ソーシャル・プロダクトの価値連鎖(商品化と再商品化の連続)が生じることで主体間での相乗効果がもたらされている。なかでも,外来魚という負の資源(bads)を肥料という正の資源(goods)へと転換(商品化)させ,それをもとに有機野菜という新たな商品を生み出していくことで地域経済と環境保全に貢献している点は,地域資源の循環形成−価値の連鎖−を示す貴重な事例といえる。

　こうした資源の循環の基盤となっているのは,地域住民や政府,事業者といった多様なステイクホルダー間で形成される様々な交換関係(再配分と互酬と市場)である。アサザプロジェクトは,政府や企業からの補助金や助成金(再配分),地域住民などからの寄付やボランティア(互酬)といった支援を集める一方,それらの資源を環境活動や活性化事業に投じることで,ソーシャル・プロダクトとしての有機野菜や地酒を生産・販売(市場)し,地域社会に一定の効果をもたらすとともに支持を獲得している。そこでは,地域の人的・知的・物的・経済的資源と天然資源とが結びつくことでソーシャル・プロダクトとしての新たな資源(商品)が生み出される。そして,その生産や取引活動をとおして環境保全や地域活性化に対する規範意識や相互扶助意識が醸成され,ステイクホルダー間での結びつき(連携や協同関係)が深まることで各事業間の相乗効果が高まっていく。その結果として,霞ヶ浦・北浦流域における混合型経済セクターでは,地域の多様なステイクホルダーが様々な資源の商品化と再商品化を連続させた「地域資源の循環−ソーシャル・プロダクトの価値連鎖−」が形成され発展している。こうした主体間の関係と資源の循環の構図をまとめたのが図表4−4である。

　では,なぜそもそも,こうした資源の循環形成が可能になったのか。そのきっかけの1つとなったのは地域の小学校との連携であった。当初,アサザ基金ではアサザを中心とする水生植物の保護育成をとおした湖の生態系保全活動をほぼ単独の事業として行ってきた。しかし,活動を続けていくうちに,広大な霞ヶ浦と北浦流域全体をカバーするような事業を自分たちの組織だけで展開す

ることは極めて難しく,半ば無謀に近いことではないかという不安をメンバーらは抱き始めた。代表の飯島氏は思案に暮れながら事務所の壁に貼ってある霞ヶ浦と北浦流域の地図をぼんやりと眺めていたところ,流域には170もの小学校が点在していることに気づいた。そして,地域の学校教育をとおして小学生たちの力を借りることができれば,プロジェクトは流域全体に広げられるのではないかと直感した。そこですぐに教育委員会や小学校などに働きかけ,学校教育の一環としてビオトープでの水生植物の育成と湖の再生事業に取り組んでもらうことになった。小学生たちの貢献度は大きく,当該事業が急速に進展していっただけでなく,環境意識に目覚めた小学生たちの言動をとおして彼らの家族や地域住民の間に理解と支持が広がっていった。それが,里山の保全活動など,その他の関連する事業への支援にも広がり,霞ヶ浦・北浦流域にボランティアや寄付にもとづく互酬の関係が構築されていった。つまり,学校教育との連携によってプロジェクトへの協力者が飛躍的に増えていったこと,さらにその協力者である小学生はプロジェクトのスタッフらの予想をはるかに超えて地域の大人たちに多大な影響力をもたらしたことが,このプロジェクトの1つの分岐点,すなわちティッピング・ポイントとなった。そこに政府や企業の再配分と事業者による市場取引が関わっていくことで,アサザプロジェクトの特徴である地域における多様なステイクホルダー間の連携（ネットワーク）が多方面で展開され,より効果的・効率的な課題解決が進んでいった。

5 まとめ

本稿では,環境NPOによる事業活動をケースとして,混合型経済セクターにおけるソーシャル・ビジネスの成長と発展に資する仕組みとして「地域資源の循環形成－ソーシャル・プロダクトの価値連鎖（商取引の連鎖）－」について論じていった。社会・経済的課題に取り組む多くの事業体,とりわけ中小のNPOは単独での事業展開に固執するあまり極めて零細かつ自転車操業的な事業レベルに留まっていたり,地域の多様な資源を十分に活用しきれていない状況にある。結果,問題解決が思うように進まなかったり,解決の方向性すら不

透明になっているようなケースが散見される。そうした現状に対して，地域の多様なステイクホルダーによる交換関係（再配分と互酬と市場）にもとづく資源の循環形成を図ることは，ソーシャル・ビジネスがティッピング・ポイントを超えて成長し，より効果的・効率的な問題解決を図っていく上で，1つの有効な手法であると考えられる。

今後は，ソーシャル・プロダクトの概念や資源の循環モデルを様々なケースに適用させながらソーシャル・プロダクトの交換に伴う諸問題を明らかにするとともに，概念の精緻化を図っていくことが研究課題となる。特に，営利セクターで提供されるソーシャル・プロダクトと，混合型経済セクターで提供されるソーシャル・プロダクトとの比較検討によって，商品特性や交換関係の相違をより明確にしていく必要がある。

[注記]
1) 本稿は，「社会的理由にもとづく商品（商取引）の研究アプローチ－社会・経済的課題に関わるソーシャル・プロダクト－」『商品研究』55-1・2（日本商品学会），2007年，31-42頁をベースに加筆修正し再検討を加えたものである。
2) 混合型経済セクターの詳細な概念規定やサービスの交換関係については，神原理（2005）「社会的経済におけるサービスの交換関係－互酬と協同にもとづくサービス取引－」『専修商学論集』81，225-241頁参照。
3) Fox, Karen F.A. & Kotler, Philip (1980) "The Marketing of Social Causes: The First 10 Years," *Journal of Marketing*, 44, pp.24-33.
4) Kotler, Philip & Roberto, Eduardo L. (1989) *Social Marketing : Strategies for Changing Public Behavior*, The Free Press（井関利明監訳『ソーシャル・マーケティング：行動変革のための戦略』ダイヤモンド社，1995年）。
5) 谷本寛治編著（2006）『ソーシャル・エンタープライズ』中央経済社。
6) コミュニティ・ビジネスとは，地域社会の活性化を主目的とするスモール・ビジネス（社会的な事業活動）であり，新しい市民社会の実現に向けた地域住民の試みといえる。これは，地域経済（商業や雇用）や福祉，環境，社会的連帯（絆）の再構築といった問題に対して，地域住民のボランタリー活動にもとづきながら様々な法人格（NPO法人や協同組合，ワーカーズ・コレクティヴなど）で展開されている。神原理編著（2006）『コミュニティ・ビジネス－新しい市民社会に向けた多角的分析－』専修大学商学研究所叢書4，白桃書房。細内信孝（2001）『コミュニティ・ビジネス』中央大学出版部。
7) フェア・トレードとは，貧困のない公正な社会をつくるための，対話と透明性，互いの敬意にもとづいた貿易のパートナーシップをいう。http://www.ifat.org/ およびRansom, David (2001) *The No-nonsense Guide to Fair Trade*, Verso（市橋秀夫訳『フェア・トレードとは何か』

青土社, 2004年), Brown, Michael B. (1993) *Fair Trade : Reform and Realities in the International Trading System*, Zed Books (青山薫・市橋秀夫訳『フェア・トレード－公正なる貿易を求めて－』新評論, 1998年).
8) 生活支援型の食事サービス事業については「東京ワーカーズ・コレクティブ協同組合」http://www.tokyo-workers.jp/や「コミュニティ・カフェ全国連絡会」http://com-cafe.net/を参照されたい。障害者の自立支援事業としては「NPO法人ぱれっと（東京都渋谷区）」http://www.npo-palette.or.jp/「おかし屋ぱれっと」通販サイト http://www.palette-ss.net/を参照。ぱれっとの事業経緯については, 谷口奈保子 (2005)『福祉に, 発想の転換を！－NPO法人ぱれっとの挑戦－』ぶどう社を参照されたい。その他に, 子育て支援事業としては「NPO法人びーのびーの（神奈川県横浜市）」http://www.bi-no.org/top.html, 路上生活者の支援事業としては「NPO法人さなぎ達（神奈川県横浜市）」http://www.sanagitachi.com/などが代表的な活動事例として挙げられる。
9) Kotler & Roberto, *op.cit.*
10) 寺田良一 (1999)「環境NPOにおける運動性と事業性」中村陽一・日本NPOセンター編『日本のNPO／2000』日本評論社, 179頁。
11) Putnam, Robert D. (1993) *Making Democracy Work: Civic Traditions in Modern Italy*, Princeton University Press (河田潤一訳『哲学する民主主義－伝統と改革の市民的構造－』NTT出版, 2001年). 社会関係資本とは, 信頼, 社会規範, ネットワークといった社会組織（自発的協力を促進して社会の効率を上げる社会的グループ）の諸特性であり, 協調行動を促進することによって社会の効率を高める働きをするものである。社会関係資本のあるところには, さらに社会関係資本が集積され, 信頼, 社会規範, ネットワークは使えば使うほど増加し, 使わなければ減少する。
12) Sue, Roger (1997) *La Richesse des Hommes*, Editions Odile Jacob (山本一郎訳『「第四次経済」の時代－人間の豊かさと非営利部門』新評論, 1999年, 146-148頁).
13) 再配分とは, 特定の中心的な主体（政府など）へ資源がいったん移転・集積された後に, 他の主体（市民など）に再移転すること。市場交換は, 任意の主体間における等価性を前提とした資源の相互移転をいう。互酬とは, 二者間だけでなく, 複数の主体間において規範化・制度化された資源の相互移転（長期間にわたる移転の連鎖）をいう。
14) http://www.kasumigaura.net/asaza/ アサザプロジェクトの事業内容については, 当プロジェクトの資料と代表の飯島氏へのヒアリングにもとづいて記載している。記して感謝の意を表したい。

［参考文献］
三谷茂 (1962)『理論商品学序説：社会的品質形成の論理とその構造について』広文社。
Drucker Peter F. (1990) *Managing the Nonprofit Organization : Practices and Principles*, Harper Collins, (上田惇生, 田代正美訳『非営利組織の経営』ダイヤモンド社, 1991年).
Kotler, Philip (1972) "A Generic Concept of Marketing," *Journal of Marketing*, 36, pp. 46-54.
Kotler, Philip (1982) *Marketing for Nonprofit Organizations*, Prentice-Hall, (井関利明訳『非営利

組織のマーケティング戦略−自治体・大学・病院・公共機関のための新しい変化対応パラダイム』第一法規，1991 年）.

Kotler, Philip & Lee, Nancy（2004）"Best of Breed : When It Comes to Gaining a Market Edge While Supporting a Social Cause, 'Corporate Social Marketing' Leads the Pack," *Stanford Social Innovation Review*, spring.

Lovelock, Christopher H. & Charles B. Weinberg,（1989）*Public & Nonprofit Marketing*,（渡辺好章・梅沢昌太郎訳『公共・非営利のマーケティング』白桃書房，1991 年）.

第5章 ソーシャル・プロモーションの戦略的フレームワーク
―社会的理由にもとづく商品情報の交換―

1 はじめに

　現在，様々な社会・経済的課題に対して政府や企業，非営利組織などが対策に取り組んでいる。こうした社会問題を解決するためには，個人と集団の生活をより好ましい方向へ導き，社会全体の態度や価値を変革していく必要がある。そこでは，強制的ではない，交換と説得による計画的・自発的・非暴力的な形で社会変革を推し進めていくための社会的ツール（技法と体系）が重要な機能を果たす。なかでも，環境志向の消費行動や，健康に配慮した生活習慣（食生活や運動，飲酒，喫煙など），或いは公共マナーに配慮した商品の使用方法（携帯電話や自転車など），特定の商品と消費（購買・使用方法）が社会問題の解決に大きな影響を及ぼすような場合には，商品情報の交換によって人々の行動変化を促すソーシャル・プロモーション（社会的なメッセージの訴求と浸透を目的とする情報アプローチ）が大きな役割を果たす。

　そこで本稿では，商品や消費のあり方と密接に関係する社会・経済的課題を念頭におき，ソーシャル・プロモーションのなかでも，「社会的理由（social cause）にもとづく商品情報の交換」について取り上げ，社会的ツールとしてのソーシャル・プロモーションがティッピング・ポイントを超えてより多くの人々の理解と支持を得ていくための戦略的フレームワークについて論じていく[1]。社会的理由とは，健康や福祉，教育，貧困，国際的な経済格差といった社会・経済的な課題に取り組む上での理念的な根拠や行動指針となる大義・主義・主張をいう。Karen F.A. FoxとPhilip Kotlerは，社会的理由を広く告知し社会変化を起こすためにマーケティングの概念と手法を応用することを「ソーシャル・

マーケティング(Social Marketing, Social Cause Marketing)」と定義した。[2] これは，人々の態度と行動に影響を及ぼすプロモーション活動であり，そのルーツは情報アプローチ(information approach)に由来する。[3] 社会的理由にもとづく商品情報の交換をより効果的に進めるためには，ソーシャル・マーケティングの手法が有効であり，それによって社会的受容性を高め，人々の行動変化を促すことができる。

そこで本稿ではまず，ソーシャル・マーケティングの概念を整理したうえで，ソーシャル・プロモーションにおける商品情報の役割を明らかにしていく。次に，食品業界（食品メーカーや食品卸・小売業など）で取り組まれている食育推進活動[4]をケースとして取り上げ，ソーシャル・プロモーションをより効果的・効率的に展開していくための戦略的フレームワークを提示していく。

2 ソーシャル・プロモーションにおける商品情報の役割

以下では，ソーシャル・マーケティングの概念について整理し，ソーシャル・プロモーションにおける商品情報の役割を明らかにしていく。

2-1 ソーシャル・マーケティング

「ソーシャル・マーケティング(Social Marketing)」とは，Karen F.A. FoxとPhilip Kotlerが提唱した概念であり，社会的理由にもとづき，社会変化を起こすためにマーケティングの概念や手法を用いて行われるプロモーション活動を意味する。そのため，「ソーシャル・コーズ・マーケティング(Social Cause Marketing)」や「ソーシャル・アイデア・マーケティング(Social Idea Marketing)」，「パブリック・イッシュー・マーケティング(Public Issue Marketing)」といった言葉が同義で用いられている。[5] ソーシャル・マーケティングの概念は，1960年代から議論され始めて以来，様々な意味で用いられてきた。1つは，企業のマーケティング活動がもたらす社会的影響や社会的責任について論じる「ソシエタル・マーケティング(Societal Marketing)」である。[6]

もう1つは、病院や博物館などの公的機関が社会活動を効果的・効率的に遂行する上で既存のマーケティング概念の適用を図る「非営利組織のマーケティング（Marketing for Nonprofit Organization）」である[7]。そして、社会的に望ましい変化を促すために、既存のマーケティング概念と手法を応用した「ソーシャル・マーケティング－社会的に有益な理念や理由のマーケティング－」である。

ソシエタル・マーケティングが、企業のマーケティング活動と社会との関わり方を論じる概念であるのに対して、非営利組織のマーケティングとソーシャル・マーケティングは、既存のマーケティング概念を抽象化し、普遍性を高めることによって生み出された概念である。その根底にあるのは、社会組織一般が何らかの商品やサービス、或いは社会的な理念や理由を社会や市場に提供する際に有用となるテクノロジー、ないしは様々な社会問題の解決に役立つ1つの社会ツールとして機能することを目指す立場である[8]。このように、ソーシャル・マーケティングという言葉が示す意味内容は分析視点によって異なっているが、現実には1つの組織が様々なアプローチをとりながら社会・経済的課題に取り組んでいるのが一般的といえる。こうした状況を踏まえ、本稿では社会的ツールとしてのソーシャル・マーケティングという視点から、生活習慣に対する社会的変化を促すためのソーシャル・プロモーションの戦略的フレームワークについて論じていく。

2-2 ソーシャル・プロモーションにおける商品情報の役割

ソーシャル・プロモーションでは、社会変化を促すために発信される情報のあり方が重要な役割を果たしている。主なものとしては、当該活動を意義づける社会的理由や企業の基本姿勢、社会変化を起こすための行動指針などがある。なかでも、特定商品の購入と使用方法が社会変化に深く関わる問題においては、商品情報の交換は極めて重要な役割を果たす。

商品情報は大別すると、①機能情報、②履歴情報、③使用情報、④市場情報、⑤法的・制度的情報に分けられる。商品の機能情報とは、商品の機能や特性（技術特性や組成・成分特性など）に関する情報をいう。履歴情報は、商品の生産・販売にいたる履歴や経歴に関する情報（トレーサビリティや生産背景、ブラン

ドの歴史など）をさす。使用情報には，商品の使用方法やユーザーの使用経験（満足や不満足，トラブルなどの体験），第三者機関による商品のテスト情報などが含まれる。市場情報は，商品の売上状況や関連商品の市場動向（売れ筋商品や新商品の動向，競合他社の動向など）に関する情報をいう。法的・制度的情報は，商品の製造や販売（売買），使用に関する法的規制や制度，および業界規制や制度に関する情報である。

　企業はこうした商品情報を積極的に提供していくことで，顧客との取引関係（ブランド・ロイヤルティ）の維持・強化，および社会的な信頼関係の構築をより円滑に進めることができる。他方，顧客はより高度な商品知識にもとづく商品の評価・購買意思決定ができるようになる。経済社会全体からみれば，商品情報の活発な交換は企業と顧客（消費者）との情報格差を埋め，取引の対等性を確保することになり，結果として社会変化を促すことにつながる。

　商品情報を効果的に提供するには，プロモーション戦略が不可欠である。なかでも，人的プロモーションはマスメディアに比較すると一般的に高コストだが，その効果は大きいとされている。そのため，近年の小売業界では各種の資格制度を設けてスタッフの商品知識を高めたり，店内にアドバイザーやカウンセラーを配備したりしている。また，メーカーもコールセンターやカスタマーセンターを設置・強化するなどして顧客の問い合わせや相談に積極的に応じている。

　こうした商品情報の交換によって個々の商品の売上とともに社会変化を促進していくためには，店頭の販売スタッフだけでなく，「代理消費者（surrogate consumers）[9]」と称される社会的なプロモーターが重要な役割を果たすと考えられる。代理消費者とは，消費者をガイド・指導し，かつまたは市場での取引交渉をすることで支持を得る代理人で，消費者の情報探索や商品の選択肢の決定と評価の一部を代理することで，購買意思決定コストを軽減する存在（専門家）である[10]。当初は，税務コンサルタントやソムリエ，インテリア・コーディネーター，株式仲買人などを指していたが，現在では，映画評論家やモータージャーナリスト，ヘア＆メイクアップ・アーティスト，料理研究家やフードコーディネーターなど，その活動範囲や内容は多岐にわたっている。

　代理消費者は元来，メーカーや小売業者から独立した自律的存在とされているが，マスメディア上で特定の商品を使用・推奨することで対価を得る者が増

えたことで，企業にとっての効果的・効率的なプロモーション手段として機能しているケースが多い。代理消費者は，①創造性や審美性が問われ，売上の不確実性が高い文化的な商品（映画，書籍，演劇など）や，②高関与であるが故に購買意思決定を有能な他者に委託したい場合（税務など），或いは，③選択肢が多すぎて消費者自身が選択できない場合（レストランなど）には，彼らの存在は有効であるとされている。[11]

多様な選択肢が存在する食品関連市場では，様々な料理研究家や管理栄養士などが活躍している。彼らが市場にもたらすプロモーション効果は大きいが，社会的プロモーターとしてどの程度の社会的影響力を及ぼしうるかについては未知数な部分が多い。そこで次章では，食品業界で取り組まれている食育推進活動をケースとして，ソーシャル・プロモーションを円滑に進めるための戦略的フレームワークについて論じていく。

3 食品業界における食育のソーシャル・プロモーション

本稿で食育推進活動をケースとして取り上げる意義は以下の点にある。現在，日本の食糧事情や日本人の食生活には様々な矛盾や問題がみられる。[12]店頭では国内外の様々な食品が豊富に並べられる一方，食料自給率の低さや食品廃棄の増加，食品の安全性への不安，偽装表示といった問題がマスコミなどから指摘されている。消費者の健康志向やグルメ志向を背景に，メディアでは食生活に関する様々な情報が提供され，それが商品の売上に影響を及ぼすほど，消費者は商品情報に敏感な反応を示す傾向にある。その一方で，肥満や生活習慣病の増加，不規則な食事や栄養の偏った食事の増加，過度の痩身志向，家族で食卓を囲む機会の減少，朝食を抜く欠食児童の増加，地域社会の伝統的な食文化の喪失などが懸念されている。こうした近年の食糧事情や食生活のあり方，ひいては国民の健康と社会活力への不安や危機感とともに，企業の社会的責任（CSR：Coporate Social Responsibility）に対する関心の高まりといった社会経済的な要因が，食生活に対する問題意識（危機意識）の高まりとなっている。

そうしたなか，国民1人ひとりが既存の食生活を見直し，食品への評価能力

を高めることで健全な食生活の普及を図る食育推進活動が，政府や教育機関，食品業界など多方面で取り組まれている。これは，国民の健康と社会活力の増進という社会的理由にもとづき，食生活に関する商品情報の交換をより円滑に図ることで人々の生活態度と行動に影響を及ぼす社会的なプロモーション活動（社会変化を促す活動）といえる。

3-1　食育推進活動の広がり

　食育基本法[13]によれば，食育とは，「食」に関する知識と選択能力を習得し，健全な食生活を実践できる人間を育てることをいう[14]。この法律の目的は，現在および将来にわたる健康で文化的な国民の生活と豊かで活力ある社会の実現に寄与することにある。食育基本法第十二条では，「食品関連事業者等の責務」として，「食品の製造，加工，流通，販売又は食事の提供を行う事業者およびその組織する団体は，基本理念にのっとり，その事業活動に関し，自主的かつ積極的に食育の推進に自ら努めるとともに，国又は地方公共団体が実施する食育の推進に関する施策その他の食育の推進に関する活動に協力するよう努めるものとする」と述べられている[15]。

　こうした観点から，行政機関のみならず，小中学校を中心とする教育機関や食品関連企業など，様々な組織が全国各地で多様な食育推進活動に取り組んでいる。食品業界でも，食育のプロモーション活動（スタッフや顧客の啓発と情報提供）に取り組んでおり，食品スーパーなどでは，店頭における食生活の支援機能（食に関する商品情報の交換機能）を高める努力が図られている。食品業界が取り組む食育推進活動とは，顧客を中心とする地域住民の健全な食生活の実践に寄与することを目的として，食品販売をとおして既存の食生活を見直す機会を顧客に提供するとともに，食生活に関する商品情報の交換によって相互理解を実現し，顧客の商品評価（商品知識と選択）能力の向上を支援することで，最終的には国民の健康と文化，経済社会の発展に貢献しようとするものである。その点で，食育推進活動は公益性の高い事業であり，顧客に意識改革を促し，既存の消費生活からの方向転換を促す事業活動，すなわち社会変化を促すプロモーション活動でもある。

3-2　食品業界における食育推進活動の意義

　そもそも食品業界は，食料という財の公平で効率的な配分に寄与することで，消費者の商品選択に資するとともに，経済社会全体の秩序（富の蓄積や取引の安定性）の維持に貢献するという役割を担っている。その上で，各社は新商品開発や店頭での品揃え・売り場管理などによって消費者ニーズに応えるとともに，流行やライフスタイルなどを提案している。こうした点に加えて近年では，顧客の経済的な満足だけでなく，社会・経済環境の変化によって生じる社会的なニーズに対応することも大きな課題となっている。

　食品業界における食育推進活動の意義は，企業の社会的責任（CSR）に帰することができる。CSRは，社会的な価値という点から既存の企業活動や商品を見直し，根本的な変革事業として内在的に社会的関わりに取り組もうとするものである。CSRの論拠となっているのは，企業は従来の活動範囲を超えて社会的な問題に取り組むべきであるという考えであり，それを実践し，市場や社会との望ましい関係を形成するための社会的ツールとして機能するのがソーシャル・マーケティングやソーシャル・プロモーションの手法といえる。CSRの論拠を大別すると次の3つの視点に分けられる。[16]

① 規範的・倫理的視点…企業は公器である。故に，利潤動機を超えて，生活の質とも深く関わる広範な社会的利益に関わるべきだという考え。また，資本主義の発展に伴って企業の社会・経済的影響力は増大する。それに伴って生じる「市場の失敗（営利優先によって生じる弊害）」を企業は補填すべきであるという考え。

② 防衛的視点…消極的・防衛的に企業の社会的責任を捉える立場。企業は社会的責任を果たさなければ様々な法的・制度的圧力や消費者からの批判にあい，経営上の危機に瀕しかねないため対処すべきであるという考え。

③ 互恵的視点…企業の社会的行動は，その見返りとして社会的信頼と利益をもたらすという考え。

　企業は，利潤動機を超えた社会的利益に寄与することで，社会や市場との互恵的な関係を築くことができる。それは結果的に，企業の社会・経済的役割（収益＋社会的な信用）を高めるという効果をもたらす。食品業界における食育推進活動の意義も同様の点にある。

食品業界にとっての食育推進活動の目的は，市場を構成する国民1人ひとりの健康と活力に寄与することである。それは言わば，すべての年齢層で健康な顧客・潜在顧客を育成すること，すなわち「市場の育成」である。それ故に，企業にとっては結果として幅広い顧客層の獲得とバランスのとれた売上構成による収益確保をもたらし，食品業界全体の活性化にもつながると期待できる。加えて食育推進活動は，顧客や潜在顧客との社会的な関係形成の一助となり，ブランド・ロイヤルティや企業の社会的価値の向上にも寄与すると考えられる。

　他方，食料品は消費者の低関与型商品であるが故に，メーカーにとっては情報操作が困難であり，小売店にとってはストア・ロイヤルティの形成が困難とされている。[17] 食育推進活動は，市場の飽和・成熟化とともに激化する競争のなかで，社会的な信頼にもとづくブランド形成によって購買時の顧客の情報処理の効率化に寄与するとともに，社会的関係にもとづく新たな事業展開の方向性を見出すブレイクスルーとしても期待する向きがある。しかし，収益性を優先する企業にとっては，こうしたプロモーション活動を効果的に展開するための戦略的なフレームワークが必要になる。

3-3　食育のソーシャル・プロモーション戦略

　食育推進活動は，顧客を中心とする地域住民の人間形成や健康と社会活力に寄与する社会的なプロモーション活動（社会的事業）であるため，企業にとっては収益性よりも社会性（社会的信頼の獲得）を高める活動として，社会貢献活動の一環として一般的に位置づけられている。しかし，より効果的・効率的なソーシャル・プロモーションで社会の変化を促進するために，また営利組織が少なからぬ経営資源を投下する限りにおいても，戦略的思考にもとづくソーシャル・プロモーションの手法が必要と考えられる。食育のソーシャル・プロモーション戦略では，（1）戦略の方向性，（2）商品情報の交換アプローチ，（3）顧客との社会的な関係形成，（4）人的コミュニケーション，（5）顧客を中心とした地域社会におけるネットワーク形成が重要な課題といえる。以下では，それらを順に検討していく。

(1) 戦略の方向性

　食育推進活動は，企業の全体的な戦略のなかでどう位置づけるかによって，資源配分の形態も，効果の測定方法や基準も異なるし，自ずと提供する商品情報の内容や交換手法も変わってくる。

　多くの企業でみられるように，社会的信頼を高めるための社会貢献活動として食育推進活動を位置づけるのであれば，既存の食生活に対する啓蒙・啓発活動としての教育・学習活動に重点を置くことになる。具体的には，食生活に関する学習教材や情報誌の発行，講師や栄養士を派遣する講演・実演活動，工場見学や産地見学会，シンポジウムや座談会の開催などが挙げられる。一方，顧客1人ひとりとの関係を深めるためのコミュニケーション戦略として位置づけるのであれば，小売店頭での積極的なメニュー提案や試食などをとおした双方向的な対話（dialogue）にもとづく情報交換に重点がおかれる。他方，社会性と収益性の両立を目指すのであれば，食育に配慮したメニューの提案や，栄養成分や食品の効果などの情報を付加した「商品＋情報」のパッケージ化によるプロモーション戦略が重点的にとられることになる。こうしたソーシャル・プロモーションをとおして収益性を確保しようとする戦略は，同時にソシエタル・マーケティングとして自社の行動を社会的に評価する必要性も生じてくる。その他にも，収益の一部を食育推進活動に携わる非営利組織（NPO）に資金提供をするコーズ・リレイティッド・マーケティング（Cause-Related Marketing）の戦略手法も考えられる。これらの具体的な取り組みを示したのが図表5－1，5－2である。

図表5－1　パッケージ型の例

図表5－2　食育の主な戦略的アプローチとパッケージ化の例

①啓蒙型	企業見学や講師派遣，情報誌などをとおした啓蒙・啓発的情報発信
②対話型	小売店頭での顧客との対話をとおした情報交換
③パッケージ型	メニュー提案や「商品＋情報」のパッケージ化
④支援型	食育を推進する他の組織への資金などの支援

(2) 商品情報の交換アプローチ

　先に示した戦略の方向性に沿って商品情報の交換を実践していくためには，「いつ，どこで，誰に，どのような商品情報を，どうやって提供することで，どれだけの効果が得られるのか（すなわち，顧客の行動をどこまで変えることができるのか）」を明確に設定した商品情報の交換アプローチを立案する必要がある。具体的な要因とアプローチは図表5－3のようになる。

図表5－3　商品情報の交換アプローチ

時期・時間	平日・休日，午前・午後（夕方・夜），季節（旬），学期など
場所的拠点	学校，自社施設，店頭・店内，工場や産地，公共施設など
ターゲット	子供，学生，主婦，中高年，男性・女性，店舗スタッフなど
商品情報	① 機能情報………食品成分・栄養素など ② 履歴情報………生産工程や履歴，文化・歴史的背景など ③ 使用情報………食事メニュー，栄養摂取法，食生活ガイドなど ④ 市場情報………売れ筋商品や新商品の動向，業界の動向など ⑤ 法的・制度的情報………JAS法，健康増進法など
アプローチ	① 教育・学習による啓蒙・啓発 ② 広告・ポスター・店内POPなどによる認知向上 ③ 商品と情報とのパッケージ化 ④ 人的コミュニケーション活動
効果	例）朝食の欠食率20％減少

(3) 顧客との社会的な関係形成

　食育推進活動を効果的に展開する上では，社会的理由にもとづく商品情報の交換を円滑に図り，食生活に関する顧客の問題解決の基盤となるようなリレーションシップ形成が重要になる。さらにこうした関係性は，健康と社会活力の増進に資するという食育の趣旨に鑑みれば，一時的・短期的な取引関係よりも長期的な社会的関係であることが望ましい。

　商品取引におけるリレーションシップとは，顧客の個別ニーズの理解と対応，顧客と協同での問題解決（価値創造）による市場の深耕を進めて長期的でタイトな信頼関係を構築することをいう。多様な定義がなされているリレーションシップの概念を最大公約数的に整理すると，リレーションシップのキーファク

ター（媒介変数）は関与と信頼で，サブファクター（原因変数）は，顧客志向のサービス，関係からの利益・恩恵，相互作用，継続性となる[22]。これらをまとめると図表5-4のようになる。

図表5-4　リレーションシップの構成要素

◇キーファクター（媒介変数）		
関与		関係維持のための努力，委託関係（他者の能力への将来委託）⇒強力なつながり（connection, bond）へ
信頼		他者の能力や誠実さへの確信⇒機会主義的行動の減少へ
◇サブファクター（原因変数）		
顧客志向のサービス	長期的サービス	長期的視点に立った顧客サービスの提供
	ベネフィット	顧客にとっての便益を重視したサービスの提供
	トータル・クオリティ	全分野でのクオリティを考慮
関係からの利益・恩恵	a）個人レベルの利益	
	互恵性	相互依存性の高さ⇒経済的依存関係から社会的（互恵）関係へ
	機会主義的行動	狭猾な私利の追求
	関係終結コスト	関係を終結し他社にスイッチするためのコスト
	b）社会（市場）レベルの利益	
	社会性と革新性	社会的満足の向上，社会的価値を生み出す革新性
相互作用	多次元的相互作用	様々なコミュニケーション・レベルでの相互作用
	コミュニケーション	接触可能性（addressability, 挨拶や会話のできる関係），対話と会話，コンテクスト依存性と解釈コードの共有度
	個別性	取引当事者間の個人的性格を反映
	価値共有	価値観，信念，理想，思想などの共有・一致
継続性	取引履歴の依存度	取引履歴（取引期間・経緯・背景）への依存度
	発展性	取引履歴にもとづく関係の発展性⇒長期的関係の存続⇒社会的，経済的，技術的な側面からの密接な関係へ

商品取引におけるリレーションシップでは，取引当事者双方の経済的な利益追求が最優先されるが，食育推進活動のようなソーシャル・プロモーションでは，顧客との「相互作用」と「関係からの利益・恩恵」による「社会的紐帯の形成」が重要な要素になる。相互作用とは，双方向型の対話（dialogue）にもとづく会話（conversation）によって，相互の意思疎通が進展し，円滑なコミュニケーションによって信頼関係が一層深まることをいう。関係からもたらされる利益・恩恵には，健康や社会活力の向上といった社会的な利益が経済的利益よりも優先される。そこでは，企業と顧客の経済的な依存関係から社会的な互恵関係へといたる相互依存性の高さが重要になる。店員との会話や触れ合いといった社会的ニーズを抱く顧客にとって，こうした社会的紐帯の形成は，より効果的なソーシャル・プロモーションを展開する上で重要な役割を果たす[23]。さらに，こうしたリレーションシップ自体が顧客や地域社会に高いベネフィット（社会的な価値や満足の向上）をもたらすような「革新性や社会性」を備えた理想や大義（cause）にかなっていることも重要である。以上から，特に重要な点をまとめると図表5-5のようになる。

図表5-5　リレーションシップの実践的課題

◇キーファクター（媒介変数）	
関与	顧客の食生活支援のためのコミュニケーション能力＋商品知識↑
信頼	スタッフの専門性↑＋顧客の生活状況や心情への理解・共感⇒個別対応
◇サブファクター（原因変数）	
顧客志向のサービス	インストア・バリュー・ネットワーク インストア・コミュニケーションによるリレーションシップ形成
関係からの利益・恩恵	a）個人レベル…顧客の食生活を支える存在⇒互恵性↑ b）社会レベル…既存の食生活への自省を促す＋国民の健康と社会活力の向上という公益に資する
相互作用	対話と会話…「食」について語れるスタッフ⇒商品価値の説明責任↑ 顧客の生活に合わせた問題解決⇒価値の提案と共有⇒個別対応による関係の深化
継続性・発展性	取引履歴＋コミュニケーションによる関係維持⇒経済的関係＋社会的関係へ

（4）人的コミュニケーション

　食育のソーシャル・プロモーションで重要なのは，説得力のある商品情報の提供によって顧客の生活態度や行動に変化を促すことである。そこでは，コスト高ではあるがマスコミュニケーションよりも人的コミュニケーションの果たす役割が大きい。なかでも，料理研究家や管理栄養士といった代理消費者は，各種のメディアや講演会などで食育の社会的理由（意義や必然性）や商品情報を提供したり，関連組織の設立・運営に尽力したりすることで，人々を啓蒙・啓発し社会変化を促す役割を果たしている。代理消費者は，商品情報の活発な交換を推し進める食生活のアドバイザーやカウンセラーでもあり，食育の社会的認知の向上と進展を図るファシリテーター（facilitator：推進者）でもある。彼らには，商品情報を交換するコミュニケーターとしてだけでなく，消費者の購買行動や生活行動について情報収集し，それを政府や企業などにフィードバックするリサーチャーとしての役割も期待されている。ただし，食育推進活動における代理消費者は，あくまでも社会的なプロモーターであることから，基本的には中立・公平な視点から客観的な情報の提供に配慮する立場にあるといえる。

　食育推進活動の支持者を広げるためには，代理消費者は教育機関や小売店頭などで食育の普及を担う「二次的なコミュニケーター（現場スタッフ）」を育成していく必要がある。[24] その際，代理消費者は訴求すべき商品情報やメッセージを簡素化したり，具体的な行動指針を提示したり，スタッフが自立的に問題解決できるよう支援する必要がある。特に小売店頭で食育推進活動を実践するスタッフには，食をキーワードとした商品情報の交換－インストア・コミュニケーション－によって顧客との社会的な関係を形成する役割が期待されている。それによって，小売店舗では品揃えの総合性・多様性を図るとともに，コミュニケーションの専門性・個別性を実現することができる。

（5）地域社会におけるネットワーク形成

　社会的理由を広く認知してもらい，社会変化を促すためには，個別企業と顧客との関係レベルだけでなく，地域社会全体を巻き込んだ社会的なネットワークの形成が必要になる。企業は，食品の生産者（生産農家や水産業者など）やメーカー，卸・小売の「取引ネットワーク」を活用して協同で食育推進活動に

図表5-6　取引ネットワークによる食育のバリュー・チェーン

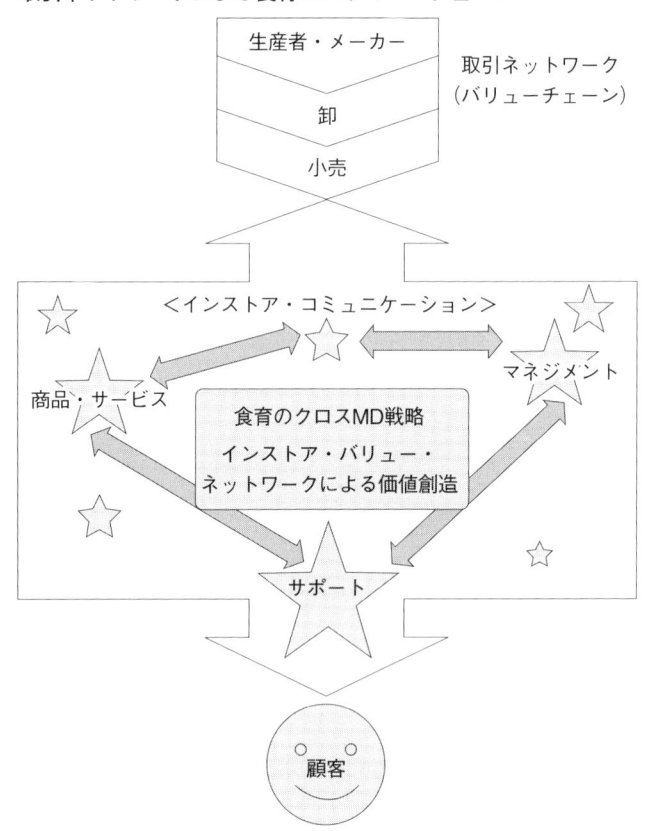

[図：生産者・メーカー → 卸 → 小売という取引ネットワーク（バリューチェーン）から、＜インストア・コミュニケーション＞（商品・サービス、マネジメント、サポート）における「食育のクロスMD戦略　インストア・バリュー・ネットワークによる価値創造」を経て、顧客へとつながる図]

取り組む一方，地域の関連組織とも連携しながら「地域の食育ネットワーク」を広めていくことで，食品の生産から販売・購入・消費・社会生活にいたる「食育のソーシャル・ネットワーク（Social Value Chain, Social Value Network）」を形成することができる。

　企業間の「取引ネットワーク」では，製販協同での啓蒙・啓発活動だけでなく，商品・メニュー開発，小売店頭でのマーチャンダイジングやプロモーション，メーカーのリテールサポートと小売からの情報のフィードバックなどを展開することで様々な相乗効果が期待できる。小売レベルでは，取引ネットワークを最大限に活用できるような「食育のクロスマーチャンダイジング戦略」を展開することで，バランスの取れたメニュー（食品の組み合わせ）を提案する

図表5－7　食育のインストア・バリュー・ネットワーク

食育コミュニケーター　　店舗マネジメント　　関連サービスの提供

【価値創造】

メニュー提案　　　　　　　　　商品＋情報の品揃え

ことができる。店頭では，商品・サービスとともに，スタッフによるコミュニケーション，マネジメント，サポートなどからなる「インストア・バリュー・ネットワーク（一連の価値創造システム：In-Store Value Constellation）[25]」を提供することで，顧客の役割とリレーションシップを再構築し，顧客との共同作業(co-produce)でこれを柔軟かつ多様な形態に再編していくことができる。「企業の取引ネットワーク」から「インストア・バリュー・ネットワーク」形成にいたる概要とその具体例は，図表5－6，図表5－7のように示すことができる。

他方，企業は地域の行政機関や教育機関，非営利組織（市民団体やスポーツ団体），健康関連の他業種（保健・医療機関やスポーツクラブ）などと連携しながら「地域の食育ネットワーク[26]」を形成・展開していくことができる。行政や保険・医療機関とのタイアップによる講演などは典型例だが，食生活の諸問題に取り組む市民団体とパートナーシップを結び，企業が収益の一定額を寄付したり，組織マネジメントを支援するコーズ・リレイティッド・マーケティン

図表5-8 食育のソーシャル・プロモーション戦略

【目標】既存の食生活に変化を促す
⇒国民の健康と社会活力↑

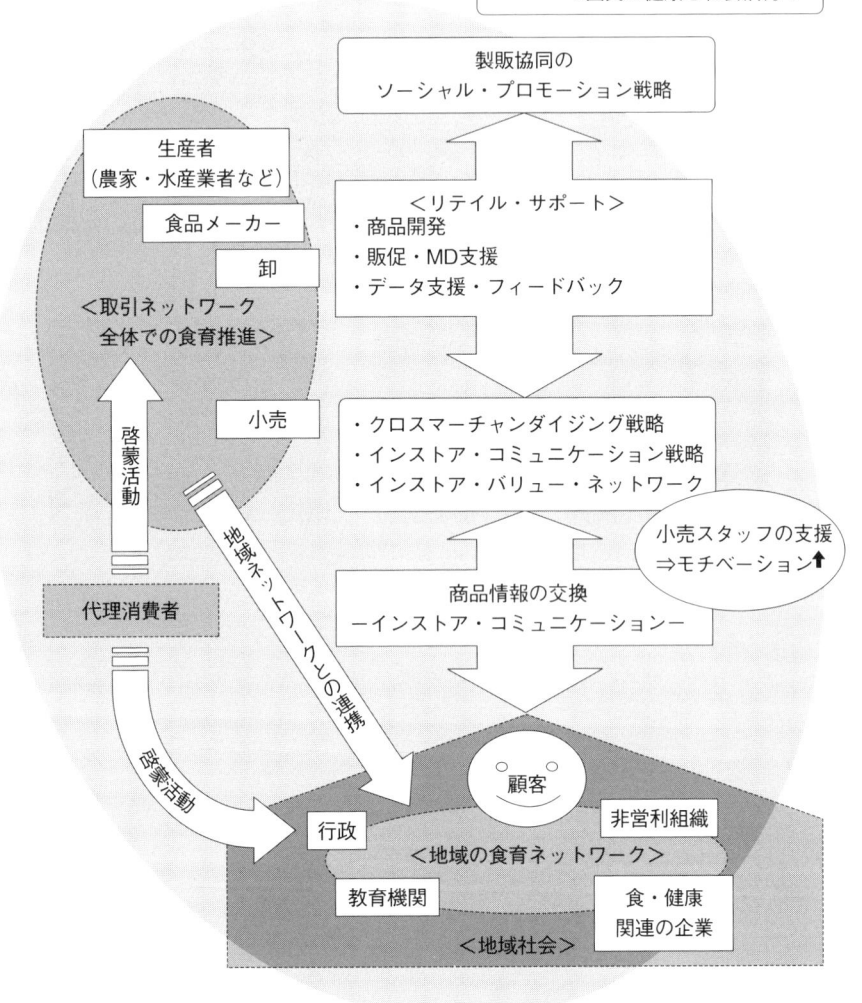

製販協同の
ソーシャル・プロモーション戦略

<リテイル・サポート>
・商品開発
・販促・MD支援
・データ支援・フィードバック

生産者
(農家・水産業者など)

食品メーカー

卸

<取引ネットワーク全体での食育推進>

小売

・クロスマーチャンダイジング戦略
・インストア・コミュニケーション戦略
・インストア・バリュー・ネットワーク

小売スタッフの支援
⇒モチベーション↑

商品情報の交換
―インストア・コミュニケーション―

代理消費者

啓蒙活動

地域ネットワークとの連携

啓蒙活動

顧客

行政　非営利組織
教育機関　食・健康関連の企業
<地域の食育ネットワーク>
<地域社会>

グの手法を用いることもできる。例えば，高齢者の生活支援や身障者の雇用を確保するコミュニティ・レストランに財政的な支援を行うだけでなく，栄養バランスのとれたメニューや食材の支援をするとともに，地域住民が交流できるようなイベント（地域の食生活や食文化に関する講演会や伝統料理の講座など）を支援するといった方法がある。企業が有する様々な経営資源（ヒト・モノ・金・情報）を地域の食育関連活動に活用することで，地域社会には食育推進活動に取り組むインセンティヴやベネフィットがもたらされ，企業は社会的評価（認知と信頼）の向上を期待することができる。

　ただし，こうした顧客とのリレーションシップや地域ネットワークは，顧客や地域主体が期待するレベルや内容も多様であり，また彼らのすべてがこのような関係を望んでいるわけではない。そのため，リレーションシップやネットワーク形成は，それを行う必然性や，組織戦略上の意義や位置づけを検討し，業種や業態による様々な制約条件を克服しながら目指すべき関係レベルによって様々な調整を行っていく必要がある[27]。場合によっては，既存の事業活動で十分に対応可能なケースもあるだろう。

　これまでの議論を「食育のソーシャル・プロモーション戦略」として整理すると，図表5-8のようになる。

3-4　食育ソーシャル・プロモーションの効果測定

　食育推進活動は，顧客（地域社会）や企業にどの程度の効果をもたらすのか。とりわけ企業にとっての食育推進活動は，ソーシャル・プロモーションと商品の売上とが密接な関係にあるため，プロモーションのあり方が顧客の生活行動と購買行動に少なからぬ変化をもたらし，それが企業のロイヤルティや収益に影響を及ぼすと考えられる。企業が少なからぬ経営資源を投下する限りにおいても，こうしたソーシャル・プロモーションの投資効果を測定することは重要である。

　食育推進活動は，食生活に対する顧客（地域社会）の意識と行動に望ましい変化をもたらすことである。したがって，顧客の意識と行動の変化を把握する指標を設定することでその効果を測定することができる。また，こうした測定指標を設けることで，ソーシャル・プロモーションの目標設定と計画，実行段

階における進捗状況の評価，成果のフィードバックと改善といった各段階でのモニタリングも可能になる。

　企業が食育推進活動の効果を測定する際の主な評価指標をまとめると図表5－9のようになる。これらを用いれば，プロモーション・コストとの関係から投資効果を測定することも可能になるであろう。

図表5－9　食育推進活動の効果指標

顧客効果		① 食育への認知・関与度，関連組織へのロイヤルティ・信頼度 ② 生活行動…規則的で栄養バランスのとれた食生活への配慮⇒規則的な食事率（欠食率），栄養バランスへの関心度，孤食率（家族の団欒） ③ 購買意欲・態度…食生活や商品情報への理解・関心度 ④ 店舗内行動…食育のマーチャンダイジングやインストア・コミュニケーションへの反応⇒ターゲット層やオピニオン・リーダーへの到達度 ⑤ 購買行動…来店・購買頻度，購買点数・量・金額
地域効果		① 社会的認知・関与度 ② 地域ネットワークの交流度（交流機会，頻度，関与者数，関与団体） ③ 地域資源（人材・組織・モノ・資金・情報）の関与・調達度
企業効果	社外効果	① 認知度，メディア露出度，社会的信頼度（評価・評判） ② ブランド・ロイヤルティ，競争優位・差別化 ③ 取引ネットワーク企業の関与・支援度
	社内効果	① 商品の売上（収益），機会損失 ② 顧客数・リピート率，参加・関与度（人数・時間） ③ 社員・スタッフのモチベーション，雇用・定着率

　食育の定義や概念から推測される基本的な行動指針の1つは，「規則正しく栄養バランスのとれた食生活を楽しむ」ということである。こうした生活行動への配慮が高まれば，自ずと購買行動にも変化がみられるだろう。規則正しい食事を心がければ，食事の時間は定期的になり朝食などの欠食率も低下する。欠食率の低下は，食品小売店での購買点数や購入量の増加につながり，来店頻度や購買回数の増加にも影響すると考えられる。また，栄養バランスへの関心が高まれば，顧客の購買行動は単品購入から多品目購入へと変化すると考えられる。また，店舗内行動においても，食育に関するインストア・コミュニケーション（商品情報の交換）への反応も敏感になるだろう。食育をとおしたインストア・コミュニケーションの活性化は，顧客との信頼関係やロイヤルティ，リピーター率の向上につながると考えられる。

地域社会では，行政や企業などによる食育推進活動がより積極的に展開されれば，食生活をとおした多様な地域交流が広がると考えられる。食育推進活動に関わる地域の人材や組織，モノや資金などの関与・調達率が高まれば，プロモーション効果は上昇したといえるだろう。

　企業は，食育推進活動のメディア効果などによって社会性に配慮した企業としての認知度を高めることができる。小売レベルでは，クロスマーチャンダイジングによってバランスの取れた食生活（食品の組み合わせ）を顧客に提案することで，多様な品目の購入率を高め，機会損失の低下を図ることができるだろう。また小売店頭で食育推進活動に取り組むスタッフにとって，顧客とのコミュニケーションがより密接になり，顧客との信頼関係や地域社会での企業評価が高まれば，仕事へのモチベーションや自社へのロイヤルティも向上すると考えられる。スタッフのモチベーションは，彼らの業務（パフォーマンス）にも影響を及ぼすため，それがさらに企業の評判を高めることにつながるだろう。反面，食育推進活動は社会貢献であるという大義名分のために，或いは，それを行うことが自社の生き残り戦略として必要不可欠であるという名目のために，現場の店舗スタッフに負担が強いられるという懸念もある。したがって，顧客とのコミュニケーションをとおしたスタッフのモチベーション向上と店舗の活性化が自社にとって必要不可欠な食育推進活動であるか否かの判断も重要である。

　一方，食育推進活動には，食の「楽しさ」や「重要性（食＝生きること）」を伝える役割がある。そうした社会的なメッセージは，「よりよいものをより安く」に表されるような品揃えと価格だけでは伝えられないものであり，その価値や効果は計測が困難である。その点で，社会的メッセージを伝えるためのコミュニケーションやリレーションシップ形成，地域ネットワーク形成は，経済効率を優先する企業姿勢にとっての大きな課題でもある。

4 まとめ

　本稿では，社会的ツールとしてのソーシャル・プロモーションの視点から，社会的理由にもとづく商品情報の交換のあり方について取り上げ，ソーシャル・プロモーションがティッピング・ポイントを超えて人々の生活習慣に変化をもたらすための戦略的フレームワークを示していった。

　社会問題を解決するためには，個人と集団の生活をより好ましい方向へ導き，社会全体の態度や価値を変革していく必要がある。なかでも，特定の商品と消費が社会問題の解決に大きな影響を及ぼすような場合には，商品情報の交換によって人々の行動変化を促す社会的なプロモーションが大きな役割を果たす。社会的理由にもとづく商品情報の交換を効果的に行うためには，ソーシャル・プロモーションの手法とその戦略的展開が必要であり，社会的理由を共有し，行動変化を促す社会・経済的なリレーションシップやネットワーク形成が重要な役割を果たす。

　企業が行う食育推進活動は，顧客を中心とする地域社会，ひいては国民生活の安定に資する上で重要な役割を果たしている。一般的には，こうした社会活動への取り組みは互恵的な形で企業に利益をもたらすとされているが，それをより効果的・効率的に行うためには戦略的思考が必要となる。特に，①戦略の方向性，②商品情報の交換アプローチ，③顧客との社会的な関係形成，④人的コミュニケーション，⑤地域社会を巻き込んだ社会的なネットワーク形成が重要なポイントになるであろう。

　ただし，リレーションシップやネットワークは人々が期待する内容やレベルが多様であるため，それを行う戦略上の意義を検討する必要がある。また，食育のような社会的な活動とそれによる社会的な関係形成は，企業と顧客とが互いに対価を認めることで成立する商品取引と密接な関係をもつことから，家族や友人といった純粋な社会的関係と同次元で論じることは難しいだろう。

　一方，小売各社が効果的な食育プロモーションを実現するためには，店頭における商品情報の交換－インストア・コミュニケーション－が重要になる。実践的な課題としては，顧客との社会的な関係形成（社会的価値の共有）のための手法と，店舗スタッフの役割（商品知識＋コミュニケーション能力），イン

ストア・コミュニケーションの効果測定（売上データとプロモーションとの相関や効果的な商品カテゴリーの発見）などが挙げられる。今後は，社会性と事業性（収益性）を兼ね備えたインストア・コミュニケーションによる情報交換とリレーションシップ形成の仕組みについて，実証的な研究を行っていくことが課題の1つとなる。

　市場経済（商取引）が日常生活の基盤となっている現代社会においては，商品の普及と使用方法が様々な生活上の問題を解決してくれると同時に，様々な問題をも生み出している。食育や省エネ商品（エコカーやエコ家電など）のように，商品の普及と使用方法によって社会問題を解決していくケースもあれば，喫煙や携帯電話の使用に関する公共マナーのように，商品の無秩序な使用方法が社会問題を引き起こすケースもある。ソーシャル・プロモーションがティッピング・ポイントを超え，より望ましい社会の実現に貢献していくためには，社会的理由にもとづく商品情報の交換による商品と社会との関係－経済社会における商品と人とのあり方－を問い続けることが重要になる。そして，商品のあり方と密接に関係する社会問題と，その解決の一助となる社会的ツールの開発に関する研究が今後のより大きな課題となる。

[注記]
1) 本章は，拙稿「社会的理由にもとづく商品情報の交換－食品業界における食育のソーシャル・マーケティング－」『専修ビジネスレビュー』Vol. 1（専修大学商学研究所），2006年，65-80頁をベースに加筆修正を加えたものである。
2) Karen F.A. Fox & Philip Kotler, "The Marketing of Social Causes: The First 10 Years," *Journal of Marketing*, Vol.44, 1980, pp.24-33.
3) *Ibid.*
4) 食育推進活動の調査・研究にあたっては，内閣府食育推進室，㈱流通研究所，㈱シーエムシー，㈱主婦の店サンユー，㈲茄子の花，㈱おいしいハートより多大なご教示を頂いた。各組織の皆様には記して心から感謝の意を表したい。なお，企業名等は調査時の表記となっている。
5) Fox & Kotler, *op.cit.*
6) William Lazer and Eugene J. Kelly, *Social Marketing: Perspectives and Viewpoints*, Richard D. Irwin, Inc., 1973.
7) Philip Kotler and Sidney J. Levy, "Broadening the Concept of Marketing," *Journal of Marketing*, Vol.33, 1969, pp.10-15.
8) Philip Kotler, "A Generic Concept of Marketing," *Journal of Marketing*, Vol.36, 1972, pp.46-54.

Philip Kotler and Nancy Lee, "Best of Breed – When It Comes to Gaining a Market Edge While Supporting a Social Cause, 'Corporate Social Marketing' Leads the Pack – ," *Stanford Social Innovation Review*, Spring 2004, p.18. Robert Bartels, "Marketing As a Social and Political Tool," *Marketing Theory and Metatheory*, Richard D. Irwin, Inc., 1973, pp.146-154（服部正博訳『マーケティング理論』嵯峨野書院，1976年）．

9) Michael R. Solomon, "The Missing Link: Surrogate Consumers in the Marketing Chain," *Journal of Marketing*, Vol.50, 1986, pp.208-218.

10) *Ibid.*, p.208.

11) Solomon, *op.cit.* Marvin A. Jolson and F. Anthony Bushman, "Third-Party Consumer Information Systems: The Case of the Food Critic," *Journal of Retailing*, Vol.54, No.4, 1978, pp.63-79. Patricia M. West and Susan M. Broniarczyk, "Integrating Multiple Opinions: The Role of Aspiration Level on Consumer Response to Critic Consensus," *Journal of Consumer Research*, Vol.25, 1998, pp.38-51.

12) 食生活をめぐる諸問題と対策については，内閣府共生社会政策統括官「食育推進担当ホームページ」http://www8.cao.go.jp/syokuiku/参照。

13) 同上HP。
　2005年6月10日に成立し，同年7月15日より実施された食育基本法では，21世紀における我が国の発展のためには，すべての国民が心身の健康を確保できるようにすることが重要であり，そのためには何よりも「食」が重要であると述べられている。とりわけ子供たちへの食育は，健全な心と身体を培い豊かな人間性を育んでいく基礎であり，知育，徳育および体育の基礎となるべきものとして位置づけられている。

14)「食育」という概念は，1898年（明治31年）に石塚左玄が『通俗食物養生法』で「今日，学童を持つ人は，体育も智育も才育もすべて食育にあると認識すべき」と論じたことに始まり，1903年（明治36年）には，村井弦斎が連載小説『食道楽』で「小児には徳育よりも，智育よりも，体育よりも，食育が先。体育，徳育の根元も食育にある。」と記述したことに由来するとされている。橋本政憲訳，丸山博解題『食医石塚左玄の食べもの健康法－自然食養の原典「食物養生法」現代語訳』農山漁村文化協会，2004年。

15) 食育基本法第一章では主に以下の項目が定められている。①国民の心身の健康増進と豊かな人間形成，②食に関する感謝の念と理解，③食育推進運動の展開（地域特性に配慮した全国展開），④子供の食育における保護者，教育関係者等の役割，⑤食に関する体験活動と食育推進活動の実践，⑥伝統的な食文化，環境と調和した生産等への配意および農山漁村の活性化と食料自給率の向上への貢献，⑦食品の安全性の確保等における食育の役割，⑧国の責務，地方公共団体の責務，教育関係者等および農林漁業者等の責務，食品関連事業者等の責務，国民の責務。内閣府共生社会政策統括官，前掲HP。

16) 嶋口充輝「現代マーケティングの社会的関わりと基本思考－ソーシャル・マーケティングの基礎を求めて－」『Keio business forum』（慶應義塾大学ビジネス・スクール），1975年，1-25頁参照。

17) 食品や日用品といった消費者の関与レベルが低い財の購買行動に関しては，渡辺隆之『店舗内購買行動とマーケティング適応－小売業とメーカーの協働局面－』千倉書房，2000年参

照。
18) 例えばカルビー㈱は「カルビー食育アカデミー」と称する出張授業を全国の小学校で展開し，スナック菓子の食べ方や表示ラベルの見方などを講義するとともに，ホームページでは食育情報を公開している。http://www.calbee.co.jp/snack-school/
その他の企業の取り組みについては以下を参照。
・江崎グリコ株式会社「グリコの食育コーナー」http://www.glico.co.jp/shokuiku/index.htm
・カゴメ株式会社「食育支援活動」http://www.kagome.co.jp/company/shokuiku/index.html
・キッコーマン株式会社「食育への取り組み」http://www.kikkoman.co.jp/corporate/life/shokuiku/index.html
・日本ケロッグ株式会社「ケロッグの『食育広場』」http://blog.kellogg.co.jp/，および「シリアル健康情報センター」http://www.kellogg.co.jp/cni/syokuiku.htm
・ハウス食品株式会社「食育への取り組み」http://housefoods.jp/activity/shokuiku/index.html

19) 近年，食品小売業では店頭での体験学習会や料理の実演・メニュー提案，社会見学や体験ツアーなどをとおした食育推進活動が行われている。これは，食育推進活動を「顧客とのコミュニケーション活動の一環」として位置づけ，セルフサービスという小売業態では疎遠になりがちな顧客との情報交換や関係性の強化を図るケースといえる。具体的には，イオン株式会社「Let's 食育！」http://www.aeonretail.jp/kodawari/shokuiku/index.htmlや，株式会社ライフコーポレーション「食育体験ツアー」『ライフコーポレーション社会・環境活動報告書2010』http://www.lifecorp.jp/community/index.htmlなどが挙げられる。

20) 山崎製パン㈱は「食事バランスガイド」を参考にした「ミールソリューション活動」や「バランス弁当シリーズ」を全国展開している。概要は「YAMAZAKIと食育」http://www.yamazakipan.co.jp/stylebook/shokuiku/index.html参照。
「食事バランスガイド」とは，厚生労働省と農林水産省が2005年に公表したもので，1日に必要な食事のバランスと摂取量をイラストで示したものである。食事バランスガイドの概要と実証についてはhttp://www.maff.go.jp/j/balance_guide/index.html参照。

21) P. Rajan Varadarajan & Anil Menon, "Cause-Related Marketing: A Coalignment of Marketing Strategy and Corporate Philanthropy," *Journal of Marketing*, Vol.52, 1988, p.59. コーズ・リレイティッド・マーケティング（Cause-Related Marketing），或いはコーズ・マーケティング（Cause Marketing）とは，社会的に意義のある活動を支援する企業のマーケティング活動で，「組織と個人の双方の目標を達成するような，収益を提供（社会還元）する交換関係に顧客が関与する際，企業が明示された社会的理由（cause）のために寄付を提供するというマーケティング活動を定式化し実行するプロセス」をいう。具体的には，社会的な課題を解決するために企業が自社のマーケティング力を活用し，相互利益のために非営利組織とパートナーシップを結び，収益やブランド価値の向上も同時に実現しようとする方法である。これは，利潤に動機づけられた贈与の原理にもとづく企業フィランソロフィーの新しい形態として位置づけられている。

22) リレーションシップ概念の詳細については，拙稿「小売サービス・エンカウンターにおけるリレーションシップ形成の現状と課題−KMVモデル（Key Mediating Variable model）に

もとづく検討－」『季刊 ザ・インストアマーケティング・ジャーナル』Vol.2, No.4（日本インストアマーケティング協会），2004年，32-45頁参照。
23) サービス・エンカウンターにおける社会的関係（人との触れ合い）の重要性については，Steve Baron & Kim Harris, *Service Marketing*, Macmillan Press Ltd., 1995（澤内隆志・中丸眞治他訳『サービス業のマーケティング－理論と事例』同友館，2002年，92頁）参照。
24) 例えば「日本食育コミュニケーション協会」では，食品業界を中心とした企業スタッフ向けの養成講座を設け，二次的コミュニケーターの育成に取り組んでいる。http://www.e-shokuiku.net
25) Richard NormannとRafael Ramirezは，家具の小売業をケースとして，サービス，商品，デザイン，マネジメント，サポートなどからなるバリュー・ネットワーク（Value Constellation）を提案している。Richard Normann and Rafael Ramirez, "From Value Chain to Value Constellation," *Harvard Business Review*, July-August, 1993, pp.65-77.
26) 具体的な活動例については，(社) 農山漁村文化協会「ニッポン食育ネット」における「地域に根ざした食育コンクール」事業（2001-2009年度）http://nipponsyokuiku.net/，および『平成16年版国民生活白書－人のつながりが変える暮らしと地域－新しい「公共」への道－」「第1章 地域で起こっている注目される活動事例」http://www5.cao.go.jp/seikatsu/whitepaper/h16/01_honpen/hm40900.html を参照。
27) こうした点については，Susan Fournier, Susan Dobscha & David G. Mick, "Preventing the Premature Death of Relationship Marketing," *Harvard Business Review*, Jan.-Feb. 1998（「リレーションシップ・マーケティングの誤解」『ダイヤモンド・ハーバード・ビジネス・レビュー』6・7月号，1998年，104-112頁），および有賀勝「リレーションシップ・マーケティング実践の壁」『ダイヤモンド・ハーバード・ビジネス・レビュー』6・7月号，1998年，113-115頁を参照。

［参考文献］

Andreasen, Alan R. (1995) *Marketing Social Change : Changing Behavior to Promote Health, Social Development, and the Environment*, Jossey-Bass.

Kotler, Philip & Roberto, Eduardo L. (1989) *Social Marketing : Strategies for Changing Public Behavior*, The Free Press（井関利明監訳『ソーシャル・マーケティング：行動変革のための戦略』ダイヤモンド社，1995年）.

Kotler, Philip & Lee, Nancy *Marketing In The Public Sector : A Road Map for Improved Performance*, Pearson Education（スカイライトコンサルティング訳『社会が変わるマーケティング：民間企業の知恵を公共サービスに活かす』英知出版，2007年）.

Kotler, Philip, Robert Ned & Lee, Nancy (2002) *Social Marketing: Improving the Quality of Life*, 2nd ed., Sage.

三上富三郎 (1982)『ソーシャル・マーケティング：21世紀に向けての新しいマーケティング』同文舘出版。

第6章 ティッピング・ポイントとサステナビリティ（持続可能性）
－イノベーションする社会的企業－

1 はじめに

　社会的企業が再び話題になっている。これは最近の若者を中心とするプロボノ活動の拡大とマスコミ報道に起因しているように思われる。近年の若者を中心とするプロボノ活動は，社会貢献の重要性の認識の高まりがあるように思われてならない。グローバル化する経済社会のなかで若者の仕事の量と責任が増大する一方で給与上昇はあまりみられず，仕事や将来に対する不安や焦燥感，さらには企業組織のなかでの自分の存在感などの悩みや不安もあるであろう。

　急激なグローバル化のなかで急成長した国々の多くでも同様である。急成長のひずみが表面化し，環境問題や所得格差などの問題も拡大し，なかでも若者の失業率の上昇は2008年のリーマン・ショック以降の経済危機から先進国ばかりか新興国など多くの国で問題になり始めている。また，世界的な景気悪化からのリストラなどに伴う非就業者の増大などは，ホームレスの増加をまねき，自殺者の増大やうつ病，薬物・アルコール依存症患者の増加など，関連する課題も多い。こうした社会的問題を解決しようと世界的に広がっているのが社会的企業である。

　日本で社会貢献や社会的企業が近年同様に大きな潮流となったのは，NPO法成立前後で，景気後退などから失業率が高くなった時期であった。当時は，社会的企業の認知が雇用不安も生じた背景のなかで，起業的側面が強調された感がある。しかし，現在の潮流は，同様に社会的課題の増加に加えて，成立から10年以上もすぎ，日本の社会的企業の多くが様々な問題も顕在化した時期を迎え，新たな局面に入り始めたことも関連している感がある。そして，この

間，組織や資金，継続性，後継者問題などさまざまな課題がでている。

　社会的企業はそれぞれのミッションの遂行を目的とする企業で，必ずしも利益が最大の目的ではない。このため，起業する場合も企業経営も一般企業以上に難しい状況と言われる場合が多い。また，事業の継続性においても社会的企業の多くは小規模のサービス業であるが，ネットワーク経済や規模の経済も十分にいかしきれない困難さがある。ネットワーク経済では，一般的に参加する数が多く，相互交流の度合いが多いほど，また参加者の専門性が高くなるほど，ネットワークに参加することによるメリットが大きくなると考えられている。そして，参入するのが企業であればその生産性は高まり，個人であればネットワークに参入することによりメリットがより増大するのである。この経済性がネットワークの外部効果や効用とよばれているものである[1]。

　本稿は，社会的企業とティピング・ポイントとの関係を考察し，同時に今後の社会的企業のありかたの方向性の糸口を再考することを目的とする。現在，世界中に広がりつつある社会的企業は，何を契機に成長，増加しているのであろうか。企業の継続性や広がりなどから，ネットワークに着目し，どのように成長しているかなどをとおしてみながら，ティピング・ポイントを考えていきたい。このため，人のネットワークを生かし，ネットワークの外部経済や効用をいかしながら活動していると思われる，アメリカのDCセントラルキッチン，アイルランドのBlastbeat，日本のカタリバの3つの社会的企業の事例から検討していきたい。3つの組織は，近年のグローバル化の中で変質した地域社会もしくは多くの世界的な課題である，ホームレスの増加，若者の将来への不安や方向性の欠如・無気力などに対して，より根本的な解決を目指そうとしている。このため，ミッションや目的達成のために，食，音楽，会話をツールとして一貫して絞り込んで，活動している。

　マルコム・グラッドウェルは著書のなかで限られた資源を1点に集中させ，一気に投入すること，些細なことから大きな結果を生み出すことは可能であると述べている。事例にした3つの組織は，他の組織と異なり，いわば1点集中タイプの代表ともいえる。

2 DC セントラルキッチン

2-1. DC セントラルキッチンの創設と現状[2]

(1) 食のリサイクル

　1986年，貧困と飢餓と闘う非営利組織としてDCセントラルキッチンは，アメリカ合衆国の首都ワシントンDCで創設された。団体の代表者であるロバート・エガー氏は，全米でも社会企業家として有名である。それは，この組織の最初のスタート時から食のリサイクル事業を試み，彼が大統領の晩さん会で余剰材料を集め，それをホームレスの食糧供給の材料にしたという食のリサイクルが話題性をもったこと，次に，ホームレス問題を食料の提供で終わらせず，自立のための就労トレーニングプログラムを作り，就労意識にも反映させたこと，さらには，ビジネスとしてケータリングサービスなどを始め，組織をイノベーションさせるとともに，DCセントラルキッチンも含めて，コミュニティの輪を地域も含めて広げているためであろう。

　ロバート・エガー氏（写真6-1）は，この組織を立ち上げるまでは，身近な教会が催すホームレスの為のスープアンドキッチンでボランティア活動をする1人にすぎなかった。しかし，高級飲食店のマネージャーでもあった彼は，自分の店も含めて，飲食店で毎日のように廃棄されるあまった未使用の食品の

写真6-1　DCセントラルキッチン　創始者と食のリサイクル

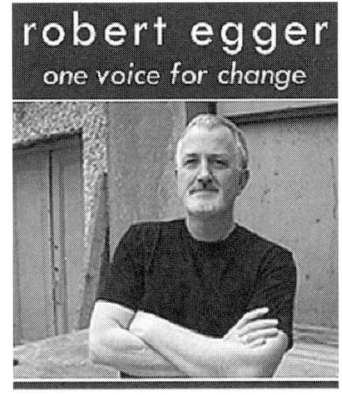

出典　DCセントラルキッチンホームページより

山と，一方で一日の食にも困るホームレスの増加との矛盾に悩み始めた。そこで，彼が考えたのが，食のリサイクルとホームレスの食との関係であった。後のDCセントラルキッチンの調査によると，レストランや食品業界，および家庭で使われる食料の4分の1は使われずに廃棄されていたのである。その一方で毎日何千人の人々が十分な食事を摂取できずに空腹に苦しんでいる。

こうしたことから，彼は，わずかな政府の援助をもとに，「食べ物を無駄にするのは良くない」，「余った食料には生産的価値がある」という信条のもとに，賛同した地元の企業やレストラン業界，スーパーマーケットなどから寄付される食材を回収し，ホームレスのために食事を調理，供給する小規模な組織を立ち上げたのである。

余った食材を回収するのは，キッチンポリスと呼ばれる食品衛生管理知識のある人々で，現在では，毎日1から2トンもの食料が写真6－2にもあるように大型保冷車に運び込まれ，DCセントラルキッチンの貯蔵庫に保管され，それをもとに新たに調理され毎日3,000食以上がワシントンDC，近隣のメリーランド，バージニア州の140以上もの非営利団体に無料供給され，いわばリサイクルされている。現在まで一度たりとも食中毒などの事故は起きていない。そして，従来，一流スーパーなどで仕入れていた材料費や人件費の節約等から，組織の創設以来こうした食のリサイクルにより約800万ドル以上が節約されているという。

こうした活動や創設当時のブッシュ大統領（父）晩さん会の食料回収などの話題性や活動から，飲食業などの寄付も広がり，現在の組織にさまざまな活動を行いながら拡大していっている。

（2）自立支援・就労プログラム…人のリサイクル

ロバート・エガー氏は，食料を待つホームレスの顔を見ているだけの活動に飽きたらず，次のステップへと歩み始める。それは，無料の食の供給だけでは，貧困の本当の解決策にはならないという気持ちからであった。格差のなかで増加したホームレスや無就労者の自立支援のためには，本人の就労する意識や資格が必要である。ホームレスには，アルコール中毒，元麻薬患者，元犯罪者なども含まれ，DCセントラルキッチンにとって，彼らを，どのように社会に戻すかが問題の鍵でもあった。そこで，彼らが始めたのが13週間にも及ぶ，本

格的な調理実習という自立支援のための就労プログラムである。これは単なる就労訓練だけではなく，それをとおして，生活基礎能力（時間を守る，規則に従うなど社会生活全般）などを高め，自分を見つめ直し再び社会へチャレンジさせようとするものである。2011年現在，80期以上の卒業生が始まってから出ている。

　調理実習を中心とした就労プログラムの期間は13週間にも及ぶもので，実践的なプログラムである。月曜から金曜まで，朝8時半から15時半まで7時間，昼の30分の休みを除いて休憩はない。参加資格は，シェルター（ホームレスシェルター）など住居があり，心身ともに健康で再起を願う人なら原則的に参加でき，多くは他の諸団体から紹介という形式で参加する。就業内容，具体的なプログラムは以下のようになっている。

就業内容[3]

1) ナイフの使い方，野菜の調理の仕方，焼きもの，あぶり物，煮物，スープ，ソースの作り方などの基礎的調理技術とその理論の習得
2) 食品の栄養価を理解する。USDAの栄養ガイドラインにもとづいた量を認識し給仕することを学ぶ（注：USDA＝アメリカ栄養協会の略）
3) レシピを注意して読みレシピにしたがって調理する技術を習得する。材料の計量の仕方を学ぶ。個人調理用にかかれたレシピを商業サービス用の調理内容に変える方法を学ぶ
4) このトレーニングをこなしたものは，全国レストラン業界が主催する衛生訓練コースに参加し，食品衛生に関する知識を学ぶ

週別プログラム

第1週目：ナイフの使い方　ビデオ：ナイフスキルCIA　練習：鶏肉の骨の掃除の仕方
第2週目：味付け　ビデオ：PBS/NOVAシリーズ　練習：個人の好みとは違った味付けの区別の仕方
第3週目：ゆでもの　ビデオ：CIAシリーズ　練習：ポーチドエッグ（ゆで卵の作り方）
第4種目：焼き物　ビデオ：CIAシリーズ　練習：鶏胸肉のグリル

第5週目：照り・あぶり焼き　ビデオ：CIAシリーズ　練習：ローストポーク

第6週目：炒め物　ビデオ：CIAシリーズ　練習：野菜炒め

第7週目：揚げ物　ビデオ：CIAシリーズ　練習：パン粉のつけ方

第8週目：ソテー　ビデオ：CIAシリーズ　練習：魚のソテー

第9週目：煮物，あんかけ　ビデオ：CIAシリーズ　練習：牛肉の煮物

第10週目：飾り付け　練習：生クリームの飾り付けの仕方

第11週目：パン・お菓子の焼き方

第12週目：レシピの変換　練習：計量の仕方

第13週目：卒業試験

出典　http://www.dccentralkitchen.org/ およびwww.npokama.org/syurou/sankou/usa2.htm

　参加者は，18～55歳と幅があり，アフリカ系黒人が多い。かつてアルコールや薬物依存であった人も多い。男性が大半だが，女性も参加しているが未婚，離婚したシングルマザーなどが主となり，アメリカの失業者の人種別内訳などとも似通っている（図表6-1，図表6-2）。この就労プログラムは，福祉受給中の就労訓練とみなされているため，福祉手当のほかに，DCセントラルキッチンから週50ドルの給与が支払われ，食事も時間により朝も無料提供され，家族のいる場合，夕食の持ち帰りなどもある。リーマン・ショック以来，アメ

写真6-2　就労プログラム風景

出典　DCセントラルキッチンホームページより

第6章 ティッピング・ポイントとサステナビリティ（持続可能性）

図表6-1　アメリカの人種別失業率（2009）

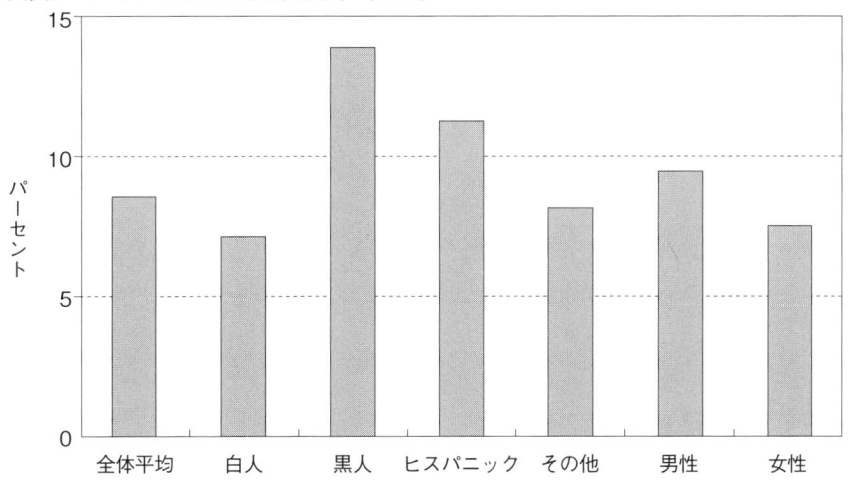

資料：IMF - World Economic Outlook（2010年）およびhttp://www.oecdtokyo.orgなどより作成

図表6-2　アメリカの学歴別失業率（2009）

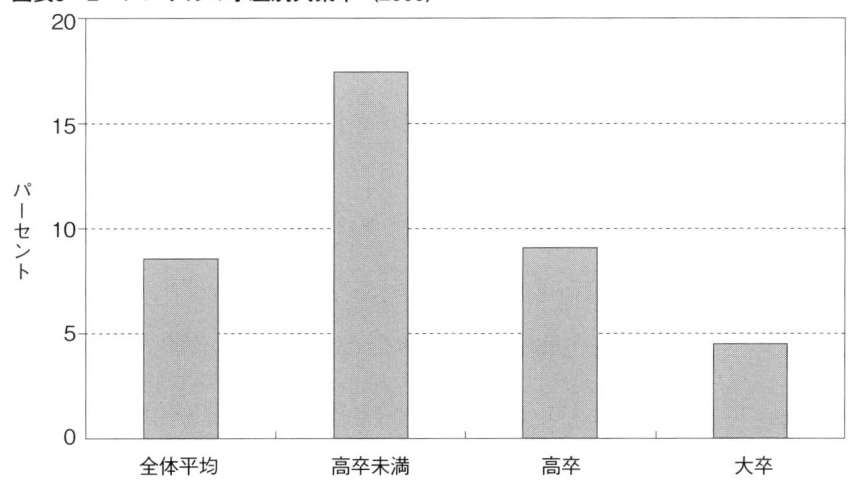

資料：IMF - World Economic Outlook（2010年）およびhttp://www.oecdtokyo.orgなどより作成

リカでも若年失業率は高く，15〜24歳，黒人，高卒未満の失業率は，2人に1人の48.5％にも及んでおり，こうした就業プログラムの重要性は高い。

　こうした就労プログラムでは，食のリサイクルに関わる昼食，夕食の約3,000食もの料理に訓練生が関わることも重要であり，それが特色の1つである。前述した無料配布される料理は，スタッフおよび彼ら訓練生とボランティアが作るのである。13週間にも及ぶプログラムが終了すると，彼らは，全米のレストラン協会主催の食品衛生管理の授業に参加し，その後試験を受ける。彼らは合格率が90％以上と高く，その後就職活動支援がDCセントラルキッチンのスタッフのもとで，履歴書の書き方，面接の方法，対人関係，仕事先の見つけ方など，きめ細やかに行われる。

　卒業時の就職率は，90％以上と高い。これまでの卒業生の実績やマスコミ報道などから求人数も多く，職に困るということはないが，プログラムはあくまで初等レベルの調理技術であり，彼らは社会に出てから自分でより高い技術レベルを磨くしかない。DCセントラルキッチンは，最初の一歩を提供するにすぎない。卒業生の就職先は地元のヒルトン，ハイアット・リージェンシー，マリオット，ホリデイ・インなどの有名ホテルをはじめ，レストランや政府関係機関，病院のカフェテリアなど多肢にわたる。初年度の給与平均は，必ずしも高くはないが，時給7.5〜8ドルで月平均1,200ドルといわれている。

（3）フレッシュスタートケータリング…組織のイノベーション

　ワシントンはアメリカの首都でもあり，政府行政機関が集中し，公私にわたるパーティーなどで集まる機会が多い。また，弁護士事務所などサービス業も多く，富裕層も多く，ケータリングサービスの市場が存在する。フレッシュスタートケータリングは，1996年から始めた，行政，地域団体，NGO, NPOのみを対象にしたサービスで，近年では学校などへのサービスも行っている。

　これは，さまざまな援助などを背景にする従来の無料の食事の提供とは異なり，有料の，いわば営利も追求した独自なサービスで，食材もリサイクルではなく，新たな高級食材を購買して用いて料理される。顧客のニーズに合わせて料理もさまざまなものが作られ，他の民間業者と競争している。最初のころは，有名な非営利団体の作った料理というステータスで評判を呼んだが，現在は一流ホテルやレストラン同様に，サービスも含めた質の良さなどから人気を得て

第6章 ティッピング・ポイントとサステナビリティ（持続可能性）

写真6－3　フレッシュスタートケータリング

出典　DCセントラルキッチンホームページより

いる。調理は訓練生ではなく，経験と技術を兼ね備えた専属の調理師たちが行っている。もともとは，卒業生による高度な料理，調理技術育成機会プログラムからスタートしたため，専属の従業員の中には卒業生も含まれている。また，重要なことは，年間売上約100万ドルが，組織の活動資金にあてられ，この事業の拡大が新たな就職先の拡大や，組織の拡大など再生産システムがいいように回転していることである。そして，2010年には市内の7つの小学校へも試験的にサービスが提供されるなど主力の事業の1つとして確立しつつある。

2-2　Community's Kitchen とミッション

　DCセントラルキッチンのミッション（目的，目標，使命など）は，以下のようになっている。
　（原文はホームページなどを参照されたい）

ミッション
1）ワシントンDC，バージニア，メリーランド州にある食品サービス業界から廃棄されていく余剰食材を衛生的かつ安全な方法でリサイクルし，その食料をツールに社会的に恵まれない子供と大人たちに食事を提供する。

103

2）寄付された食材を栄養バランスの取れた食事にリサイクルし，また同時に不就労・失業者達の就労トレーニングの基礎的訓練の場として活用する。
3）全国各地域で，我々と同様な活動を行おうとしている諸団体と交流をし，さらには情報提供，活動開発の支援を行う。
4）毎日，DCセントラルキッチンは，市内のレストラン，ホテル，団体・学校の食堂，仕出し業者，などの食品サービス業界から出る，使いきれず廃棄される食料のリサイクル活動を行う。そして，利用した食材を調理場で日々3,000食の食事へと調理し，ホームレスシェルターをはじめ，放課後の子供のプログラムや高齢者施設の昼食プログラムなど地域の諸団体へ食事を提供する。

前述して来たように，余剰の食材を用いて，ホームレスや非就労者に新たな料理として供給することから始め，その料理の担い手を，ホームレスや非就労者自体にするなどの就業プログラムを用いることで，貧困と飢餓からの根本的解決を図ろうと試み，さらに就業プログラムを卒業した人々の就労の場所を拡大するために，1990年代後半からケータリングサービスなどを中心に，①First Helping（ストリートのホームレス救済活動）②Food Recycling（食品リサイクル）③Meal Distribution（食事の配布・提供）④Culinary Job Training（就労プログラム）⑤Fresh Start Catering（ケータリング事業）⑥Healthy Returns（健康の促進）⑦The Campus Kitchen Project（キャンパスの食の再生）の7つのプロジェクトが進行中である。これらは最初の②③から④に発展，拡大し，寒波の到来などで身近な①，さらには⑤，最近の⑥，⑦へと広がっているのである。（図表6－3，図表6－4）

ロバート・エガー氏は，取材も含め多くの場所で，DCセントラルキッチンは「Community's Kitchen 」であると述べている。小さな組織がここまで大きくなった理由は，ミッションにも示されているように，食を一貫としたツールにして，活動を通じて，DCセントラルキッチンが社会コミュニティだけではなく，結果として地域をも巻き込んだコミュニティを創生したことにあるかもしれない。いくつかの側面を2つの視点からみていこう。
　1つは初期のころから始めた，問題の根本的解決の糸口になった就労プログ

図表6−3　DCセントラルキッチンの発展

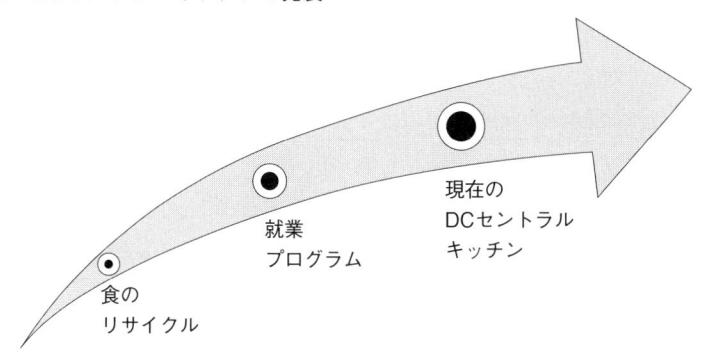

食の
リサイクル

就業
プログラム

現在の
DCセントラル
キッチン

図表6−4　7つのプロジェクト

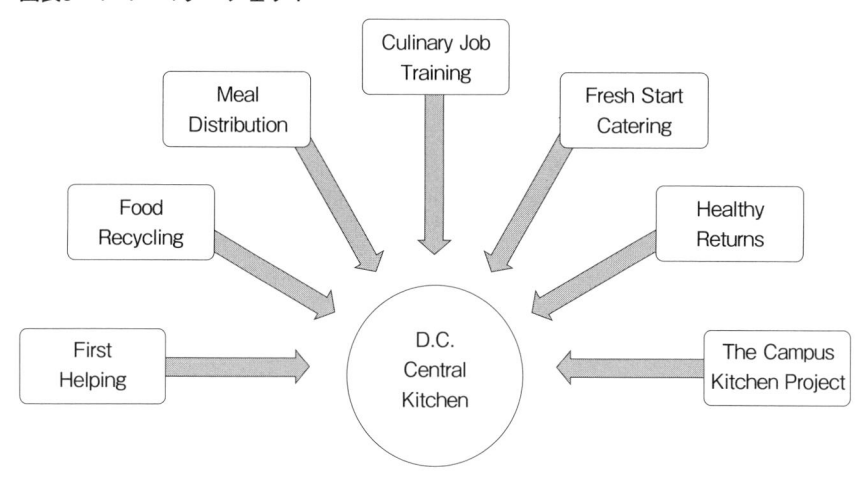

- Culinary Job Training
- Meal Distribution
- Fresh Start Catering
- Food Recycling
- Healthy Returns
- First Helping
- The Campus Kitchen Project

→ D.C. Central Kitchen

ラムに代表される，ホームレス，非就労者などの関わった人々のコミュニティの創生である。紹介や推薦されて入った13週間の間に対人関係や自分への見つめ直しなどから，仲間意識などが芽生える人がいる。しかも，その後の就職活動，卒業してからの半年の間のFollow-Up Program（おもにカウンセリングや安否確認など）など手厚いフォローもある。また，卒業生を就労プログラムなどの講演や指導などのボランティアとして招待することで，卒業後の孤立感などのフォローをしたり，心のよりどころとしてキッチン自体を提供したりし

て，場を共有することから彼らのコミュニティの育成を促進している。これは，多くの訓練生，卒業生が薬物やアルコール依存症だった結果，その再発防止にも役立っている。また，ケータリング事業をはじめ，近年のさまざまなプロジェクトも就職の場の拡大だけではなく，彼らの心のよりどころとしてのキッチンの重要性が示されている可能性もある。

　もう1つが，組織の地域とのつながり，ネットワークによる地域への広がりである。就労プログラムにおける無料配布の食事の準備などでは，多くのボランティアも参加する。これは，訓練生の孤立感から脱却のはじめでもあり，同時に大半がホームレスへの偏見などがある地域コミュニティと接する最初の段階にもなる。さらに，同様に図表6－4に示された7つのプロジェクトも地域コミュニティへのキッチン自体の浸透になる。

　NPO法人釜ヶ崎支援機構のインタビューなどでもロバート・エガー氏は，DCセントラルキッチンは「Community's Kitchen 」であると述べている。住宅，カウンセリング，教育など，さまざまな多くの支援がホームレスなどには必要であるが，彼は食のみをツールとして用いて，他の支援は積極的には行わず，行政やそのほかの支援組織に任せている感がある。この点について，すべてに広げると多くの人材と時間などがかかることなどを理由にしているが，むしろ，行政も含めて多くの組織との連携，ネットワークが生まれ，食のプログラムやプロジェクトを通じて人の輪が生まれ，地域とのコミュニティの輪が拡大した感がある。こうしたことから，彼の言う「Community's Kitchen 」とは，台所というよりも，むしろ食を中心ツールにして語り合う小さな台所，つまり街の居場所と述べたかったのではなかろうか。

3 Blastbeat （ブラストビート）

3-1. Blastbeat の創設と現状[4]

（1）Blastbeat のミッションとプログラム

　Blastbeatは，アイルランドのダブリンで2003年に創設されたNPOである。世界中の高校生を対象に，音楽・マルチメディアのビジネスプロジェクトを通

じて社会起業家精神を伝える教育プログラムを提供する社会的企業である。現在，アイルランド以外にアメリカ，イギリス，南アフリカ，インドやチェコなど，ヨーロッパを中心に広がりをみせ，250以上の学校で使われており，イギリスでは公費による補助も行われるなど，社会教育プログラムとして有名になっている。[5)]

　2010年にはBlastbeatの日本でのNPOが発足した。創業者のRobert Stephenson（ロバート・スティーブンソン）氏（写真6-4）は，1990年代を中心にプロデューサーとして，音楽・エンターテイメント業界での豊富な経験を持っていた。彼は，この組織を失業率が高く，薬物・アルコールに依存しがちな状況下にあるアイルランドの若者に，自らの可能性を試してほしいという願いから創業した。音楽をツールとする共通の実践的教育プログラムが注目され，世界的にも広がりを見せている状況である。

A. ミッション

　Blastbeatのミッションは，ホームページなどをまとめると，
　①若き社会起業家や変革を促すリーダーを発掘しネットワークを作ること
　②若者に次世代の音楽やマルチメディアビジネスのプロを教育・支援すること
　③若者に地域社会や世界に対して貢献するという理念を持ってもらうこと
　の3つである。最初の①の社会的企業家や変革をおこすリーダー…，および②の次世代音楽…，というのは，後述する音楽プログラムをとおして，ソーシャル・ビジネスの精神を企画や実践から動機づけとして教え，若者の将来に展

写真6-4　創業者ロバート・スティーブンソン氏（左）とイベント風景

出典　http://www.blastbeat.org/ およびhttp://blastbeat.jp/ より

望を与えようということが示されている。さらに，最後③は各自が，地域社会との連携し，コミュニティへの参加や社会への希望，さらには活動やネットワークからソーシャル・キャピタルを学び，社会貢献につなげることを目的としているのである。

B.具体的なプログラム[6]

　高校生を対象にして，音楽をツールに企画，実践の現実的なプログラムが用意されている。参加した学生は，最初に音楽・マルチメディア企業（Music & Multimedia Companies：MMC）を立ち上げ，実際に音楽レーベルを作り，自分たちの学校（あるいは周りの学校）でプロモーションのための様々な活動を行う。こうして，それぞれが，社長（CEO），セールスマネジャー，マーケティングマネジャー，イベントマネジャー，バンドのスカウト担当マネジャー，ウェブ担当マネジャー，ビデオ編集者，PR担当マネジャーなど，様々な役割を担うことから，組織と仕事をしり，チームワークや責任感など現実社会同様のスキルを学んでいくのである。

　立ち上げたMMCは，地元で活動しているバンドやアーティストをウェブサイトやその他のネットワークを駆使して見つけ，彼らを招いて，コンサート大会による「バンドバトル」を開催することから始まる。その後，発掘されたバンドやアーティストは，実際に音楽業界で活躍する審査員の審査によって，一部のアーティストは地元決勝，国の決勝，そして世界大会決勝戦へと参加する道が開けるのである。

　この地元のバンドやアーティストの発掘，コンサートの開催，関連したビジネスプランの作成や，予算作成，販売・販促企画（グッズの販売や地元新聞への記事掲載依頼など），MMCのロゴやウェブのデザイン，そしてイベントも含めて全てが自分たちで企画し，実践しなければならないのである。もちろん，こうした企画の方法論や方向性，活動に関しては一定のマニュアル的なプログラムも用意されているが，どのようなレーベルを作り，地元のバンドやアーティスト，予算をくれるスポンサーとの交渉における対人コミュニケーション能力，コンサート会場などでの実践力，広報などの実務能力，情報発信にかかわるプレゼン能力などが企業活動の過程のなかで試され，鍛え上げられるのである。また，それぞれの大会で勝利したバンドなどとともに，ビジネスプラン作成，

図表6-5　Blastbeatの実践と目的

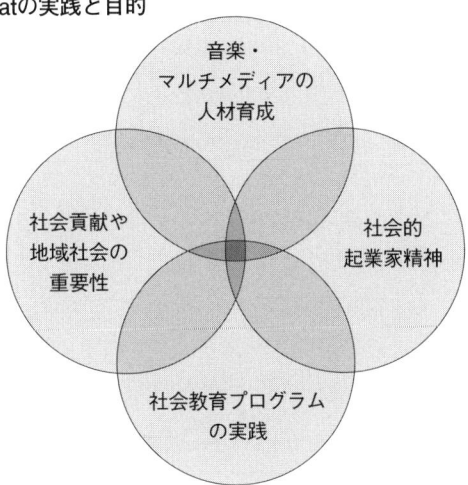

- 音楽・マルチメディアの人材育成
- 社会貢献や地域社会の重要性
- 社会的起業家精神
- 社会教育プログラムの実践

コンサートの運営実務，プレゼンテーション等において最も優れていたMMCもあわせて表彰され栄誉も得る仕組みになっている。[7]

　また，こうした活動から社会貢献の在り方を学ぶことも含まれている。BlastbeatはMMCに対して生み出した利益の25％以上を様々な社会起業家や慈善事業に寄付することを求めており，そのような活動がメディアや教育者から注目されることによって，良識ある市民を刺激し，ポジティブな変化を社会に与えることができると考えるとともに，参加した学生に社会貢献の重要性や企業の社会的責任を意識させる。具体的には，MMCの活動の中に「エコマネジャー」を設置し，コンサートの運営に関わる物資のリサイクル等を推進することも求めている。[8]

（2）ケルトの虎の盛衰と若者の失業問題[9]

　ロバート・スティーブンソン氏がこの組織を立ち上げた背景としてアイルランドの近年の状況をみていきたい。

　アイルランドは，人口わずか約450万人の国である。近年の経済成長の著しさから，「ケルトの虎（同国がかつてケルト民族の居住地であったことに由来する）」と呼ばれた時期もあったが，かつては，ヨーロッパの中でも最も貧し

い国の1つであった。17世紀にイングランドの支配下におかれ，18, 19世紀には，貧しさや愛国心，飢饉などから新天地を求めて世界に移住し，世界には約7,000万人，アメリカにはそのうち約4,000万人のアイルランド系移民が居住しているといわれている（http://business.nikkeibp.co.jp/）。現在のアイルランドの人口は19世紀よりも少ないという特異な状況にある。19世紀半ばのジャガイモの不作による大飢饉（1840年代後半）はその代表的な事で，当時の人口約800万人のうち，200万人が海外に移住し，その後，人口の減少は独立した1937年以降も続いた。経済状況は，1970年代のEC加盟を経て，1980年代に至っても農業国としての色彩が強く，高インフレの中で経済は伸びず，1人当たりの国民所得も加盟諸国の最低レベルであった。

1990年代に入りITを中心とした外資誘致の積極策を契機に，マイクロソフトやインテルなど世界的IT企業が進出し，それが金融・医療サービス，化学などにも波及した結果，急激な経済成長を見せ始め，この成長は「ケルトの虎」現象とも言われた。そして，経済的高成長のもとで，海外移住者の還流や中・東欧の移民の増加に伴い，今や人口増加率も上昇傾向にある。この高成長の背景には，世界的なグローバル競争やアメリカ発のIT革命などがあるが，それらを誘因した要因として，①豊富で安価な良質な労働力　②外資導入による高付加価値な産業の育成（英語圏のメリットを生かしたEUのアメリカの窓口として）　③ユーロ参加による金利低下と健全な経済ファンダメタルズなどが挙げられている（三菱UFJ銀行，2008）。

しかし，2002年，世界経済の減速とともにやや成長が鈍化し，住宅投資やアメリカのアイルランドへの投資額の回帰などで持ちこたえたものの，2008年以降の世界経済の低迷と，アメリカ同様の住宅バブルの崩壊とともに経済状況が一変してしまったというのが現状である。

「ケルトの虎」と言われた時期のアメリカ，日本，アイルランドの失業率の推移を示したものが図表6-6である。アイルランドは1990年代半ばまでは，15％前後の失業率であったが，後半から最近にかけて1ケタとなり三か国の中で最も低い5％以下の状況となったが，2008年以降再び急上昇している。2009年アイルランドの失業率は，約11.8％であったが，25歳以下の若年失業率は発展途上の東欧諸国同様に高く，約28.7％にもなっている（ILO,2010）。現在，

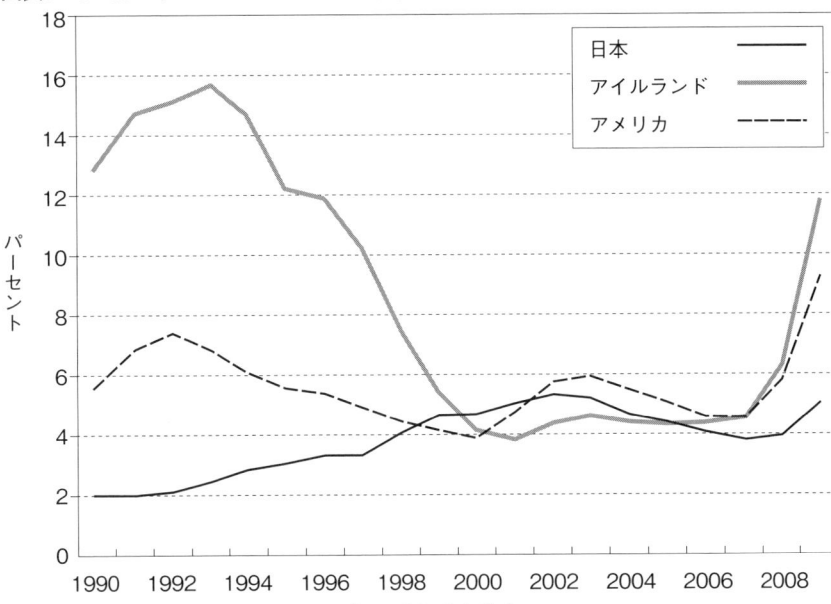

図表6-6 日・米・アイルランドの失業率推移

出所：IMF - World Economic Outlook（2009年）より作成

　世界的な若者の失業率の高さは大きな問題になりつつあるが、なかでも学歴差などによる相違は各国とも同様な傾向がある。好調だった2000年初頭の時期においても、OECD（http://www.oecdtokyo.org/theme/edu/2004）によれば、アイルランドの若者（20〜24歳人口）の29％が前期中等教育修了あるいはそれ未満（すなわち、後期中等教育未修了者）であり、EUでは、トルコ（56％）、ポルトガル（47％）、スペイン（32％）、アイルランド（29％）、イタリア（25％）、オランダ（21％）、ルクセンブルグ（20％）の順となっている。そして、データがある27か国中19か国において、若年者の低学歴は女性より男性に顕著に見られるとの報告がある。

　好調な経済状況であったアイルランドでなぜ、Blastbeatが生まれたのかは、このような背景が関連する可能性もあるともいえよう。

4 KATARIBA（NPO法人カタリバ）

　日本にも社会教育プログラムを使用しながら，社会貢献をしている社会的企業は多数あるが，本節では，高校を中心として活動を行い，運営も学生主体で行っているKATARIBAを考えていきたい。KATARIBAは，2001年に，当時大学生だった創業者たちが創設した任意団体から始まり，2006年にはNPO法人となった。現在，事務局スタッフ17名（うち学生8名），正会員60名，賛助会員78名（個人），法人9社，大学生など4,000人がボランティア登録している（2010．3現在）。[10]

　代表の今村久美氏が副代表の竹野優花氏とともに，慶応大学在学中から任意団体として立ち上げ，東京を中心に，青森，沖縄，愛媛，大阪などで活動をしている。組織が大きく変革したのは，2004年，職員による運営から，学生を運営の中心とした体制に変更し，その後キャリア学習プログラム「カタリ場」の展開を本格的に開始し，法人化に向かった時期である。ボランティア人材が豊富になり，現在のキャリア学習プログラム「カタリ場」へと向かったのである。[11]

　この組織のミッションをまとめると，社会は人がつくるものであり，私たち一人ひとりが，今よりも少しずつ自分や周りの人に対する優しさと責任感を持ち，働きかけられる社会になれば，もっと元気な社会を実現できる。このために，高校を中心に教育現場に対して仕掛けることによって，一人ひとりの力と可能性を引き出すことをミッションとしている。

　ミッションの背景には，20世紀末以降，少子高齢化や世界経済の悪化に伴い日本社会に急激な変化が生じたことがあり，このため，以下の3つを中心とした問題意識がある。それは，①幼少期からの様々な直接体験の機会や，異年齢者との交流の場が，昔に比べて乏しくなっていること，②多様で幅広い人間関係が不足しており，モデルとすべき生き方を見つけにくい状況に置かれていること，③「わかった」「自分にもできるかもしれない」という，成功体験や自己肯定感を自覚する機会が少ないことである。いわば，グローバル化などの社会変動がコミュニティを喪失させ，結果として人間関係や自己認識に影響し，ポジティブな行動や姿勢が自己形成の未発達のせいで，取りにくくなっている

第6章　ティッピング・ポイントとサステナビリティ（持続可能性）

写真6−5　カタリバ活動風景

出典　カタリバホームページよりhttp://www.katariba.net/about

ともいえよう。

　この解決のアプローチとして，同様に，１．多様な他者と幅広い人間関係構築の機会をつくること，２．自己肯定感を高めること，３．学校や先生と連携することの３つの方向性を提示している。

　彼らの活動は，キャリア学習支援を目的とした，高校企画事業が中心で，他には大学・専門学校企画事業や法人事業，社会人向け事業，地域支援事業，講演事業なども手掛けている。中心となる高校企画事業は，１回の授業枠内が90分〜200分程度で，１つの高校企画につきプロジェクト・マネージャー１名，コアスタッフ２名〜３名，40名前後のキャストで構成されるプロジェクトチーム単位で行う。そして，彼らが高校に訪問し，高校生と語り合うことで進路意識を高めることを目的とした，高校生対象のキャリア学習プログラム「カタリ場」を実施している。このキャリア学習プログラムとして，将来の自分の目的を実現するために，３段階の方法が考えられている。最初のステップでは，自分を見つめ直すために，チェッキングと呼ばれる座談会が行われる。（写真6−5）　高校生１〜５名に対し，キャスト１名程度でグループを組み，身近な話題や関心事などから「高校生の今」を掘り起こさせる方法をとる。

　高校生にとっては自分を振り返る機会となり，この座談会を元に自分の「今」を見つめ直す，自己分析のチャンスにもなる。次のサンプリングと呼ばれるステップでは大学生や社会人などが中心となり，彼らキャストが，自らの高校時

代の体験や，大学で打ち込んでいること，大切だと思う価値観などを，紙芝居形式で高校生に語りかけ，いわばナナメの関係を形成し始める。

そして，一方的に話すのではなく，車座になって目線を同じにし，高校生のリアクションを大切にすることで，双方向のコミュニケーションが起こるような構成となっている。この狙いは，高校生の視野を広げ，新たな価値観と出会うことで，自分自身について考えるきっかけをつくり，将来に目を向ける動機に繋げることにある。最後には，高校生が，座談会で話したことや，先輩の話を聞いて感じたことを振り返り，具体的な行動目標を「約束」という形で認識させ，自分の「今」と「将来」をつなぐために今からできる目標を，担当のキャストと一緒に立て，カードに書き記し，具体化させる。「約束」を結ぶことで，「カタリ場」で感じたこと（＝非日常）を，日常生活に繋げることを狙っているのである。

プログラムの実践にかかわるボランティアに登録している人々の中には，かつて高校の時に体験した人も少なくない。かつての自分を思い出し，現場の高校生との交流の中で同様な自分を再認識していく。また，事前に時間をかけ，高校生の現状に沿うような形式で行われるシミュレーションも重要な位置を占め，社会貢献意識へのフィードバックとともに，その時点での自己認識にもつながる可能性もある。[12]

5 持続可能性とティッピング・ポイント

3つの社会的企業の現状をこれまでみてきた。3つの組織は，近年のグローバル化の中で変質した地域社会もしくは多くの世界的な課題である，ホームレスの増加，若者の将来への不安や方向性の欠如・無気力などに対して，より根本的な解決を目指そうとしていた。このため，ミッションや目的達成のために，食，音楽，会話をールとして用い，多くの人々を体験させ，問題解決のひとつの手段として独自の就労プログラムや社会教育プログラムを用いている。以下では，このプログラムを媒介に組織の活動やミッションが広がり，新たなイノベーションを生んでいるのかを考えていきたい。

第6章 ティッピング・ポイントとサステナビリティ（持続可能性）

さて，3つの事例に共通に関連することをまとめると以下のようになる。

対象や方法論は，相違するものの，①独自の教育プログラムを使用していること，②教育プログラムがさまざまな形式で公開され，拡散して同様な方法論を用いて他でも活動の広がりがみえること，③参加体験者が，その組織に何らかの形で再び参加していること，④組織にかかわる人々が時間の差はあるが，何らかの形で増加していること，⑤組織にかかわる地域との連携がうまくいっていること，⑥組織の将来の活動にサステナビリティ（持続可能性）があること，⑦組織自体も含めて時代を反映した問題の背景があること，⑧根本的解決のための糸口を試みようとしていること，などを挙げることができる。

3つの組織のミッションや活動の問題解決の対象となる人の数は，かなり多数である。このため，多数を対象とする教育プログラムが必要で，さらにプログラムを通じて体験した人々が組織のネットワークを拡大し，組織のイノベーションに寄与している構造になっている。

プログラムは，各章でみてきたように，DCセントラルキッチンの場合は，指導者から訓練生にミッションや活動などが伝わり，訓練生が社会に出ることで，同様に地域社会に組織の活動やミッションが伝わり，同様のプログラムを用いて他地域の非営利組織へ広がっている。また，Blastbeatの場合は組織の助けも受けながら参加を申し込んだ高校生の活躍や活動がネットなどで評判になり，参加希望の高校生が増加し，地元の隠れた活動や人材が広範に認知もされる。カタリバの場合は，スタッフから参加した高校生などに伝わり，活動により具現化していく。実際，Blastbeatでは，日本のマスコミでTV放映されると共感した人々を中心にさらに拡大され，「Blastbeat in japan」というNPOが組織されミッションや活動が拡大していっている。また，カタリバの場合，体験をした高校生などから，その活動や方向性がつながり，地元でも「カタリバ場」をやりたいという形でつながっていくのである。これらは，DCセントラルキッチンでも同様で他地域にもつながり始めている。

ネットワーク研究などで用いられる言葉にハブとコネクターというものがある。たとえば，インターネットのネットワークで多数のリンクをもつノード（結節点）であるYahoo，Amazon.comは，ハブである。そして，そのなかにずば抜けて多数の他の人とつながりをもつ，あるいは多数のリンクを持つのがコネクターと呼ばれている人々がいる。コネクターは社会的ネットワークを構成す

る重要な要素である（アルバート＝ラズロ・バラバシ，2002）。それぞれの組織を社会的企業のハブとして考えた場合，プログラムに共鳴し，参加した人々や他の組織の中にはこうしたコネクターが存在する。彼らが新たな組織のミッションや活動などを，体験を通じて口コミやインターネットで広げるのである。創業者たちのそれぞれのミッションを方法論として具体化しているのがそれぞれの教育プログラムであり，新たなハブとなる可能性となるコネクターを再生産しているともいえる。

こうした再生産によるネットワークの拡大は，いわばネットワークの外部効果や効用といわれている結果を示している。ネットワークの外部効果や効用は，一般的に参加する数が多く，相互交流の度合いが多いほど，また参加者の専門性が高くなるほど，ネットワークに参加することによるメリットが大きくなると考えられている。3つの社会的企業は，プログラムを媒介として，参加人数の増大をはかり，相互交流も多く，専門性も高い。さらに，社会的企業においても，生産性を高め，一方で体験した個人はネットワーク参入により，問題が改善されるというメリットが増大しているのである。

次に，組織のイノベーションとサステナビリティ（持続可能性）に関して考えていきたい。3つの社会的企業は，そのミッションのために，明確に1つの方向性で活動している。いわば，「限られた資源を1点に集中させ，一気に投入すること」は専門性を高め，大きな結果を生み出している。たとえば，DCセントラルキッチンの場合は，ホームレスなどの救済事業としては，住宅，カウンセリング，教育など，さまざまな多くの支援は，行政やそのほかの支援組織に任せている。この明瞭さが専門性をより高め，地域社会の認知度もあげ，ネットワークのメリットをさらに高めているのである。

また，中心となるプログラムから新たなプロジェクトが生まれ，社会や，行政も含めて多くの組織との連携，ネットワークが生まれ，食のプログラムやプロジェクトを通じて人の輪が生まれ，地域とのコミュニティの輪が拡大し，ミッションに見合った新たなプログラムも生まれている。いわば社会的企業のイノベーションを起こす場合もある。DCセントラルキッチンを例にみると，Food Recycling（食品リサイクル），Meal Distribution（食事の配布・提供），Culinary Job Training（就労プログラム，）の3つの柱から，First Helping（ストリートのホームレス救済活動），Fresh Start Catering（ケータリング事業），

Healthy Returns（健康の促進）The Campus Kitchen Project（キャンパスの食の再生）の4つのプロジェクトが拡大し，進行中である。カタリバの場合も，高校生を中心の対象にしているが，同様な問題を抱える大学や企業事業が展開され始めている。

　多くの社会的企業は，こうしたネットワークのメリットを必ずしも十分にいかしていないのが現状であろう。ミッションを強く意識しすぎたリーダーたちは自らの力の限界や周りとのかい離が見えなくなり，活動の低迷や廃業にもいたることがある。もちろん，さまざまな現実的理由がそこにはあるが，ネットワークのメリットを十分に生かしきれなかった可能性が高い。逆に，3つの組織は現在のリーダーが失っても，ネットワークの広がりが，組織を課題に対して解決の方向性を見出す，力があるように思える。そして，そこには，組織の強力なサステナビリティ（持続可能性）を維持する可能性をも含まれている。プログラムを体験した参加者がDCセントラルキッチンでは，後輩の指導に戻ったり，同様にBlastbeatでは社員になったり，カタリバではスタッフとして加わるなど，人材育成の再生産もおこなわれていることからもいえる。また，同様な再生産は，社会教育プログラムが公開され，他の組織や地域に還元していく過程のなかでも示される。

　小さな組織だからといって，ネットワークの外部効果や効用がうまくいかないのではなく，持続可能な仕組みが十分に力を発揮していないのではなかろうか。サステナビリティ（持続可能性）を意識しながら再考する時期ではなかろうか。

6 結びに

　本稿は，広がりをみせている社会的企業とティッピング・ポイントとの関係を考察し，同時に今後の社会的企業のありかたの方向性の糸口を再考することを目的とした。3つの組織とティッピング・ポイントを考えることで，結びに代えたい。ティッピング・ポイントとは，人間の行動や購買活動が些細な条件が揃うと，伝染病の広がりのように急激な変化をしていくポイントで，S字を

横にした曲線の場合，急激な変化をしていくカーブポイントといえる。

　社会的企業も一般企業同様に，社会的認知が活動の最初の段階の岐路になることが多い。有名になったり，大きく活動の幅を広げ始めた社会的企業は，初期の段階の時点で認知度の差異がその後に大きな影響を与える場合が少なくない。たとえば，初期の活動段階でマスコミなどに取り上げられるとか，ネットで着目され，コネクターを通じて急激に社会に認知される場合などである。しかし，その後の成長の鍵になったのはネットワークのメリットを生かし，企業自体のイノベーション，さらには組織やその活動を持続可能にしようという強い方向性にあるのではなかろうか。

　マルコム・グラッドウェルはその著書『ティッピング・ポイント』のなかで，さまざまな事例を挙げて,発生要件として（1）少数者の法則,（2）粘りの要素,（3）背景の力,を挙げている。さまざまな事例を挙げてこの発生を分析しが，3つの事例とした社会的企業は，多くの社会的企業が広範な事業を行うことでミッションを果たそうとするのに対して，ミッションや目的達成のために，多くの社会的企業とは異なり，専門性を高め，サステナビリティ（持続可能性）を考え,食,音楽,会話をツールとしてネットワークのメリットを活用している。

　また，用意された教育プログラムなどの方法論は，問題の根本的解決のためにシンプルで拡散しやすく，また賛同を得やすい。さらに，絞り込んだ問題の解決方法をプログラムで用いているため，関連する人的ネットワークが結果として広がるとともに，受講生にとっても組織自体が強力なハブとなり，再生産が継続的に続いている。また，強烈な記憶に残る体験や商品，つまり，それぞれのプログラムが体験する前の人々には思いがけなかった非日常的行動，DCセントラルキッチンでは，これまでにない調理体験，Blastbeatでは，音楽プロモーション活動，カタリバでは他者の体験などが強烈な印象を残していることが大きい。また，3つの組織では参加体験者が，その組織に何らかの形で再び参加したり，組織の活動やそこで生じた人のネットワークなどを心のよりどころにしている場合もある。いわば,背景の力となっているのではなかろうか。

　3つの組織のティッピング・ポイントは何であったのであろう。それは，現実の問題の根本的解決手段として，結果として専門性を高め，解決の方向性のためにサステナビリティ（持続可能性）を意識し，そして粘り強く当事者たちへの働き掛けに社会教育プログラムを基礎として始める。結果としてこのこと

は，組織の持続可能性も強化されている可能性もある。

　さて，多くの社会的企業のミッションの対象となる社会問題がなくなることは，社会的企業がなくなることではあるが，本来は，結果としてそうなることが望ましい。しかし，今後も現在の経済のグローバル化やこれに起因する社会の問題は，形を変え存続するだろう。こうしたなかで，結果として組織のサステナビリティ（持続可能性）を考慮した社会的企業は進化し，事業の広がりも期待できる。さらに，これらの3つに共通した重要な視点として，地域社会との連携が組織との関係性から重要な軸となっていく可能性があり，変貌する地域社会も新たな時期を迎え，小さな動きが大きな変革を生み出す重要性が必要となってきているのではなかろうか。

[注記]
1) ネットワーク経済の効果，効用に関してはさまざまな意見があるが，本稿ではほぼ同じ概念として考えている。
2) DCセントラルキッチンに関しては，その多くをDCセントラルキッチンのホームページとNPO法人釜ヶ崎支援機構（http://www.npokama.org/syurou/sankou/usa2.htm）のインタビューにもとづいている。
3) 就業内容と個別プログラムに関しては，NPO法人釜ヶ崎支援機構（http://www.npokama.org/syurou/sankou/usa2.htm）のインタビューを引用している。原文はDCキッチンのホームページを参照されたい。
4) この章の内容は本国のブラストビートと日本のホームページを参考にしている。
5) 同様な英語圏を中心にイギリスやアメリカ，南アメリカで広がり，日本ではマスコミ報道後，共鳴した人々が組織を立ち上げ，高校生や大学生を中心に活動が徐々に行われている。
6) プロデューサー的な企業を立ち上げる教育プログラムとなっている。適時にマニュアル化された教育プログラムを基本に参加者は活動し，その事業の中心が音楽活動を主催することとなっている。
7) 活動にかかわる費用などは，スポンサーさがしもや寄付事業などから収支が合うように教育プログラムの中でも求められている。この点が音楽に単に興味を持つものばかりでなく，事業家育成など，リーダーシップ，マネージメントなどさまざまな視点からプログラムは作られている。
8) 企業のCSR以上に，地域や社会への還元として社会貢献が求められ，また環境問題などへの視点も利益以上に求められているプログラムとなっている。
9) 先進国，新興国とともに若者の失業率が問題化している。学歴や移民問題・さらには各国の状況などがこの問題を複雑化させている。

10) この章のカタリバに関する多くは，ホームページなどを参考にしている。また，2010年の専修大学KS事業の講演できていただいた際の聞き取りなども参考にしている。
11)「カタリ場」は一緒に語ろう，話そうという他世代や地域とのコミュニケーション不足の解決も意図したプログラムで，互いに話しあうことで，高校生が自己分析や将来への自分の方向性のきっかけを持たせようとした方向性になっている。この結果，方向性が不明瞭だったり，自己分析がなかなかできない大学生などのために，大学事業も始まっている。
12) 専修大学のKS事業の時に来ていただいたスタッフの大半も登録した専修大学の学生であった。中には以前の高校の時の経験や体験から，自分もスタッフとして参加した学生もおり，過去のカタリ場の体験が動機になっている。

[参考文献]

上坂徹（2010）『「カタリバ」という授業──社会起業家と学生が生み出す"つながりづくり"の場としくみ』英知出版。

小倉真久（2009）『20円で世界をつなぐ仕事』日本能率マネージメントセンター

土井将敦・谷本寛治（2006）「アメリカにおけるソーシャル・イノベーション・クラスターの展開」『ソーシャルエンタープライズ』中央経済社。

林幸雄（2007）『噂の広がりかた』同人選書。

アルバート＝ラズロ・バラバシ（2002）青木薫訳『新ネットワーク思考』NHK出版。

ウイン・ベーカー（2001）中島豊訳『ソーシャルキャピタル』ダイヤモンド社。

マーク・ブキャナン（2005）坂本芳久訳『複雑な世界，単純な法則─ネットワーク科学の最前線』草思社。

マルコム・グラッドウェル（2000）高橋啓訳『ティッピング・ポイント』飛鳥新社。

マルコム・グラッドウェル（2001）高橋啓訳『なぜあの商品は急に売れ出したのか』。

【執筆者一覧】

神原 理（かんばら　さとし）（所員）……………第1章，第4章，第5章，編著
　　専修大学商学部教授

大林 守（おおばやし　まもる）（所員）…………第1章，第2章
　　専修大学商学部教授

前川明彦（まえかわ　あきひこ）（所員）………第6章
　　専修大学非常勤講師

川名和美（かわな　かずみ）……………………………第3章
　　高千穂大学経営学部教授

■ ソーシャル・ビジネスのティッピング・ポイント

■ 発行日──2011年3月31日　初版発行　　　〈検印省略〉

■ 編　著──神原　理
　　　　　　（かんばら　さとし）

■ 発行者──大矢栄一郎

■ 発行所──株式会社　白桃書房
　　　〒101-0021　東京都千代田区外神田5-1-15
　　　☎ 03-3836-4781　📠 03-3836-9370　振替00100-4-20192
　　　http://www.hakutou.co.jp/

■ 印刷・製本──藤原印刷

© Satoshi Kanbara 2011 Printed in Japan　ISBN 978-4-561-26560-3 C3334

本書のコピー，スキャン，デジタル化等の無断複製は著作権法上での例外を除き禁じられています。本書を代行業者等の第三者に依頼してスキャンやデジタル化することは，たとえ個人や家庭内の利用であっても著作権法上認められておりません。

JCOPY　〈(社)出版者著作権管理機構 委託出版物〉
本書の無断複写は著作権法上の例外を除き禁じられています。複写される場合は，そのつど事前に，(社)出版者著作権管理機構（電話 03-3513-6969，FAX 03-3513-6979，e-mail：info@jcopy.or.jp）の許諾を得てください。

落丁本・乱丁本はおとりかえいたします。

専修大学商学研究所叢書

上田和勇【編著】
環境変化と金融サービスの現代的課題 本体 2500 円

専修大学マーケティング研究会【編著】
商業まちづくり 本体 2300 円
　―商業集積の明日を考える―

黒瀬直宏【編著】
地域産業 本体 2800 円
　―危機からの創造―

神原 理【編著】
コミュニティ・ビジネス 本体 2000 円
　―新しい市民社会に向けた多角的分析―

見目洋子・在間敬子【編著】
環境コミュニケーションのダイナミズム【改訂版】 本体 2900 円
　―市場インセンティブと市民社会への浸透―

赤羽新太郎【編著】
経営の新潮流 本体 2400 円
　―コーポレートガバナンスと企業倫理―

中村 博【編著】
マーケット・セグメンテーション 本体 2700 円
　―購買履歴データを用いた販売機会の発見―

上田和勇【編著】
企業経営とリスクマネジメントの新潮流 本体 2800 円

内野 明【著者代表】
ビジネスインテリジェンスを育む教育 本体 2800 円

（表示価格には別途消費税がかかります）

東京　白桃書房　神田